Punto de vista narrativo.
Opinión a manera de prólogo

Como forma de expresión literaria la narración (cuento o novela) mediante el ejercicio constructivo del lenguaje, relata una historia que es asumida por uno o más personajes. Éste o éstos ejerce(n) unas acciones en un espacio propio, instaurado en el discurso y en un plano temporal, bien sea lineal, retrospectivo o fracturado. La organización de esos elementos (personajes, acciones, espacio, tiempo) se realiza con el fin de ofrecer un texto estético y no referencial.

Si bien estos elementos son factores que contribuyen a la instauración del carácter estético del discurso narrativo y no simples «signos» que envían al lector —directa y obligatoriamente— a «realidades» fuera del texto, se puede proponer que existe una relación complementaria entre un cuento y su contexto; es decir, a través de todo lo que la circunda. Lo que pudiera dar lugar a pensar que aún cuando el personaje no es el individuo (ni el alter ego) del autor, ni el espacio en el que se manifiestan los personajes, es un lugar geográfico necesariamente exacto o coincidente con un referente exterior. Tampoco los planos temporales de lo narrado son copias de un tiempo histórico referencial; estos elementos —propios de la literatura— mantienen una correspondencia en la realidad exterior, que se puede interpretar a partir de las mismas pistas que ofrece el cuento.

Dos veces Princesa se compone de dos historias narradas en espacios diferentes. La primera historia se desarrolla en un espacio que se puede identificar como imaginario, donde lo real pasa a un segundo plano. También en el personaje principal y punto de focalización, desde el cual el lector aprecia la historia, pues narra en tercera persona. El otro espacio donde se desarrolla la segunda historia es en el espacio físico, que no es más que ese lugar llamado Coronalandia. Ahí donde transcurre la acción que permite el viaje de un lugar a otro; aunque se traslada —en distintas circunstancias— hacia otros puntos cercanos a la ciudad. Se pudiera pensar que esta sección es la que hace referencia a los cuentos de hadas y está estructurada. Es la misma que aparece en tres ocasiones y vinculada estrechamente con el resto de la narración de esta parte. Además, porque cada vez que se traslada el cuento hacia esta segunda parte, ocurre algún evento que lo vincula con la primera historia; este segmento es un poco más complejo. Ofrece una variedad de narradores (testigo omnisciente, protagonista) y la focalización —al igual que la anécdota— se bifurca y expande entre distintos personajes. Las técnicas narrativas que se pueden apreciar en esta parte revelan, aún más, la compleja estructura de *Dos veces princesa*. Desde narraciones breves, donde la anécdota se divide en dos historias, por ejemplo la historia de Sir Antonym y Teresina de Fonteviva; una que cuenta el narrador y otra que completa el lector.

Profesor Wuilian Lezama

Mi Autobiografía

Yo nací el 4 de Julio de 1987 en una familia amorosa. Crecí en El Salvador, Centroamérica, en un pequeño lugar llamado San Juan Gualárea, perteneciente a la ciudad de El Sauce, Departamento de La Unión. Viví con mi madre y con mis hermanos hasta que cumplí diecinueve años. Mi madre es lo mejor que la vida me ha dado, mi padre no estuvo nunca a mi lado. Al cumplir los dieciocho años mi madre decidió que deberíamos seguir otro camino. Buscando mejorar nuestras vidas viajamos a Estados Unidos. Fue muy duro el cambio para mí, pero lo necesitaba.

En ese cambio también encontré la oportunidad de abrirme paso como escritor. Sabía que ahí estaba lo que yo quería; atrás había dejado un pasado. En este momento es para mí un gran placer presentar al mundo una de mis obras más queridas. Un cuento original que atrapará los sentidos del lector a medida que lo vaya leyendo.

Dedicado a mis sobrinos:

David Alexander Velásquez Reyes.
Katherine Velásquez Reyes.
Christopher Garyn Reyes Ríos
&
Kaylin Ariana Reyes Moreno.

Wilian Arias

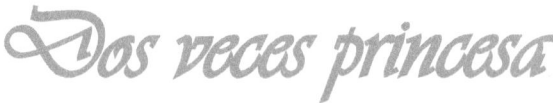
Dos veces princesa

En algún lugar del mundo.
 El país de Coronalandia.

En estos tiempos la primavera estaba bella, los árboles cada mañana florecían con sus bellos colores, las aguas brotaban dulces y apasionantes, las aves alegraban el campo con sus cantos.

El castillo del Reino estaba en medio de un pequeño y lindo bosque que lo dividía de la ciudad, donde existía un bello camino bordado de jardines, que iba desde la puerta del castillo hasta los pocos kilómetros que llegaban a la ciudad.

El castillo de Coronalandia era gobernado por los reyes Armando I y Katrina I, quienes esperaban la llegada del primer descendiente a la corte. En el Reino de Coronalandia todo el mundo era feliz con el anuncio de la llegada del primer hijo de los reyes. Pasaron unos meses y faltando pocos días para el nacimiento del bebé, un hada le dijo a la reina que tendría una niña.

La alcoba de la reina.
El hada Allis: ¡Oh! Mi dulce reina, tendréis una niña de cabellos brillantes como los rayos del sol, ojos azules como el azul del cielo, piel blanca como la nieve, de sentimientos dulces como el azúcar, labios rojos como la sangre. Hermosa seréis, pronto la tendréis entre tus brazos reina mía.
La reina Katrina: Vuestra hija hermosa será.

El hada madrina ya se había desaparecido.

Pasaron quince noches y la primera mañana de verano aconteció, cuando las hojas caían y los árboles florecían una hermosa niña nacía en el Reino feliz de Coronalandia; todos estaban muy dichosos.

La reina Katrina: ¿Cómo llamaremos a nuestra hija, rey mío?

El rey Armando: Nuestra hija se llamará Alondra como vuestro segundo nombre.

La reina Katrina: Nuestra hija se llamará Alondra Alcatraz Castilla.

El rey Armando: Vuestros deseos son esos, así se hará.

La reina: Las hadas vendrán esta tarde a conocer a nuestra hija y visitarán nuestra alcoba. Después podréis presentar a nuestra hija ante la corte, para que luego juntos podamos presentarla ante nuestra ciudad de Coronalandia.

El rey Armando: Así será, después de vuestras hadas madrinas vosotros presentaréis a nuestra hija ante la corte.

Y así fue; con la postrera del alba vino el campo de las estrellas, el brillo de la luna, y cinco hadas madrinas aparecieron.

La alcoba de los reyes.
El hada del Canto: Yo, Cantalicia el hada del Canto te doy a ti hermosa princesa el don para el canto, y la dulce voz para conquistar como un ángel a todo aquel que tu canto llegare a escuchar.
El hada de la Fortaleza: ¡Oh princesa mía! Te entrego la fortaleza para que ante la adversidad nunca podáis decaer, y si llegárais a decaer que siempre la fortaleza sea tu compañera para levantarte.
El hada de los Sueños: Sueños seguiréis en tu vida y con tu canto el amor conquistarás.
El hada de la Belleza: Princesa, que en tu

corazón siempre esté contigo la belleza del alma, así como por gracia divina se te concedió la belleza de tu reflejo físico.

El hada Allis: Princesa que en tu corazón nunca falte el amor para dar y recibir, que en ti todo lo bueno esté y que tu corazón sea casa donde moren los buenos sentimientos.

Y llegó la sexta hada madrina, la cual anunció la muerte de la princesa, por estar molesta de no haber sido invitada a bendecirla.

El hada Malicia: Por no haberme invitado a conocer a vuestra princesa, yo castigaré a vuestros reyes, a su hija perderán cuando cumpla quince primaveras. La felicidad de Coronalandia desaparecerá junto con su bella princesita. La paz se esfumará y muchas guerras habrán entre vuestro Reino y otros reinos guerreros, ¡¡jajaja!

Y continúa diciendo el hada Malicia: Más os

digo que después de mucho tiempo —cuando yo crea que vuestro rey ha pagado su gran osadía— su princesa regresará, y en ella vuestros reyes su canto deberán reconocer.

El rey Armando muy enfadado le dijo: Hada Malicia, tus deseos no son admitidos en Coronalandia, la mala voluntad no es bienvenida; pero si en verdad dices que nuestra hija morirá, te ruego por piedad no lo permitas.

El hada Malicia ante la arrogancia del rey dijo: Rey Armando ¿No habéis escuchado tus suplicas?

El rey Armando: Que tu hechizo no se cumpla. ¿No que las hadas sólo hacen el bien? Por qué si tus cinco amigas han venido a bendecir a mi hija, tú me castigas con tanta maldad, haciéndole honor a tu nombre. No se puede cumplir tu hechizo, no lo permitiré, no creo en ti.

El hada Malicia hizo que su palabra fuera ley, una ley que al rey le costaría un muy caro.

El hada Malicia: Te digo princesa que cuando cumplas tus quince primaveras se borrará todo recuerdo de ti, todo lo verás nublado. Será para ti como empezar una vida nueva, donde ni tu nombre recordarás. Nada más tendrás la cobertura de los dones que las demás hadas te han regalado hoy día; con eso deberás identificar tu nueva vida, que se cumpla lo que ahora he dicho, ¡jajaja!

El hada madrina de nombre Malicia desapareció, dejando escrito el destino de la princesa Alondra Alcatraz; un destino que se tiene que cumplir por ley mágica.

La reina Katrina: ¿Qué debemos hacer? ¿Qué debemos hacer para salvar a nuestra hija de tal hechizo? ¿Qué haremos dulces hadas?

El hada Allis: ¡Oooh! Buenos reyes de Coronalandia a vuestra hija perderéis como habéoslo dicho la malvada Malicia; pero sólo el amor —que vence cualquier maldad— será el responsable de que vuestra hija nunca muera.

Las hadas desaparecieron todas al mismo tiempo, el rey estaba con preocupación. Por la tarde la princesa fue venerada por los miembros de la corte, quienes le obsequiaron diversos y hermosos presentes. En esta misma tarde la princesa fue bautizada por el Papa. Pasadas unas horas después fue presentada ante la ciudad de Coronalandia como la nueva princesa Alondra Alcatraz.

El rey Armando amaba a su hija, se escuchaba noche tras noche su voz que le cantaba, mientras la arrullaba entre sus brazos al lado de su esposa la reina Katrina. Se decía en el Reino, que el rey había compuesto un canto para su hija, como también se hablaba del gran temor del rey, por las palabras de castigo que aquella malvada hada pronunció a la princesa.

La canción que el rey dedicaba a su hija sería el canto que primaveras más tarde él mismo debería reconocer, cuando la maldición de aquel castigo surtiera el efecto dicho.

El rey Armando: Princesa.

El amor envuelve tu cama.
Cuando tus ojos miran los míos.
Son tus manos, manos de ley.
Las que me arropan con tanto afán.

*

Con tu canto tu voz tan bella
me haces cruzar hasta el Paraíso
donde mis sueños se hacen
más fuertes y mis cantares
son escuchados.

**

*Eres la fuerza de mis impulsos,
eres la llama que enciende mi alma.
No existen muros ante mis sueños
cuando tu voz me dice seguir.*

***

*Paso a paso ante esta vida
has sido guía en mi caminar.
Me has levantado cuando he caído,
si he fracasado me has dado paz.*

****

*Si esta vida dijese basta
y hubiese un alto en mi respirar
quiero que sepas vaya donde vaya
dentro de mi alma siempre estarás.*

Las primaveras de felicidad pasaban volando, los reyes tuvieron una segunda hija que nombraron como la pequeña princesita Nora Corazón Castilla; estaban muy felices con sus dos hijas.

La princesa Alondra Alcatraz era la joven que estaba a punto de cumplir sus quince primaveras, como también a punto de cumplir la condena de una hada resentida. Su otra hermana era Nora Corazón Castilla, una linda niña cinco años menor que ella.

15 primaveras después
En la corte del Reino.
El rey Armando estaba preocupado porque esta noche, era la noche en la que el hechizo de la malvada Malicia tomaría vida.
El rey buscaba consejos de Sir Antonym (su amigo y consejero), para encontrar la manera de evitar que aquella profecía se cumpliera.

El rey Armando: Sir Antonym, me encuentro preocupado por el destino de mi princesa.

Sir Antonym: Ya esta noche se cumple el hechizo, producto del castigo que arrojó el hada Malicia sobre vuestra princesa.

El rey Armando: En efecto, hoy se cumple la fecha.

Sir Antonym: Hoy cumple quince primaveras vuestra princesa.

El rey Armando: Así es buen hombre, pero dime ¿Habéis conseguido a la hechicera que habías ordenado trajeran hoy?

Sir Antonym: Sí su majestad, ya están por llegar.

El rey Armando: Han pasado muchas primaveras, he tratado de conseguir un amuleto, no sé; cualquier hoja mágica que me ayude a evitar que pase lo que dijo el hada.

Entra un guardia.

El guardia: ¡Su majestad!

El rey Armando: Hable, adelante.

El guardia: Los hechiceros han llegado, están en el salón.

El rey Armando: Acompáñeme Sir Antonym.

El rey Armando y Sir Antonym se dispusieron ir al salón para consultar los poderes de algunos adivinos; pero al parecer ninguno de aquellos a quienes consultaban, lograban ayudarles a evitar que el hechizo se cumpliera.

Mientras que por los calabozos del castillo la malvada Maranda (criada ambiciosa) cumple la terrible profecía, que hace quince primaveras atrás se le destinó como hechizo a la bella princesa Alondra Alcatraz.

Maranda practicaba las artes oscuras guiada por una bruja (Chanais), quien estaba detenida en los calabozos y le guardaba mucho rencor a los reyes.

Maranda: ¡Hola! Ten, traje tu comida bruja.

Chanais: Habéis venido a pedirme que te ayude como hace dieciséis primaveras atrás.

Maranda: ¡Cállate! No lo repitas nunca más.

Chanais: En tus ojos se reflejaba la ambición por el poder, si no es por eso ¿Por qué cambiaste a las bebés?

Maranda: A callarse infeliz bruja, si lo sabes bien, tú eres la maldita que me ha ayudado en todo; y si caigo yo, caes tú. Si los reyes se enteran, me mandan a la horca, y ya te lo dije, tú también te vas conmigo.

Chanais: Habéis venido a pedirme ayuda para desaparecer a la hija mayor de los reyes.

Maranda: Tú lo has dicho.

Chanais: Es como su padre, amante al canto, dulce, pegajosa e ingenua.

Maranda: Para eso te consulto a ti, dime ¿Qué hay que hacer?

Chanais: Tú eres la única que se acuerda de mí en este encierro, por ello he de ayudarte; además el infeliz rey me las debe, y quitarle su felicidad será mi venganza. Esta noche aplícale este somnífero a la cena de los guardias y a la de los mismos reyes.

Maranda: ¿Qué hará?

Chanais: Los hará roncar como ogros, para que puedas realizar el plan perfecto.

Maranda: ¿Y…?

Chanais: ¿Cómo convencer a la princesa de que huya? Pues dile que se escape y cumpla sus tan anhelados sueños, los cuales su padre no le admite.

Maranda: ¡Que se escape! ¡Hummm…! ¡Has leído mi plan!

Chanais: Escapándose sabrá que ser princesa no es fácil, como tampoco sobrevivir fuera del palacio, fuera de su Reino. Sí, una vez fuera del Reino no volverá jamás, ¡ajajá!

Maranda: ¡Ajajá! Eres única, por eso soy tu discípula.

Chanais: No rías que me debes un favor.

Maranda: ¿Qué? ¿Cuál favor? Pide lo que quieras y te lo conseguiré.

Chanais: Dame un espejo, quiero el espejo que me quitaron.

Maranda: Si todo sale bien te daré tu espejo, ¡ajajá! Y las dos en paz estaremos.

El hechizo se iba a cumplir, la persona encargada era Maranda.

Los miembros del Reino preparaban el gran banquete para la fiesta de Quinceañera de la princesa Alondra Alcatraz. Los sastres cosían el vestido de un diseño único; hacían tres vestidos: uno para la reina y dos de diferentes diseños para las princesas.

La joven princesa era bella, soñadora, amaba el canto como a ninguna otra cosa; mientras que la malvada Maranda engañaba a Nora Corazón, para que convenciera a su hermana (la princesa Alondra) y la ayudara a escaparse, diciéndole que así cumpliría sus sueños.

La alcoba de Maranda.
Nora: ¿Para que habéisme hecho venir hasta tu alcoba?
Maranda: Nora.
Nora: Su alteza.
Maranda: Su alteza Nora Corazón ¿Usted quiere

ser la princesa en vez de la señorita Alondra Alcatraz?

Nora: Por supuesto que sí ¿Cómo adivinaste? Odio que ella sea la bonita, la preferida, la que acapara las miradas; de ella todos hablan bien hermoso, ella… a ella la quieren más que a mí. La princesa Alondra Alcatraz; por ella siempre viven preocupados mis papás.

Maranda: Existe una sola manera para que usted sea la única y verdadera princesa.

Nora: Decídmela de inmediato.

Maranda: Ayuda a tu hermana.

Nora: ¡Que la ayude!

Maranda: Sí.

Nora: ¿Cómo para qué?

Maranda: Ayuda a tu hermana a que se escape del Reino, así logrará que su padre se moleste con la princesa Alondra y esté más atento a usted su alteza Nora Corazón.

Nora: Sí, así mi padre le quitará el título de princesa, la castigará y yo seré la única princesa.

Maranda: Correcto, correctísimo mi niña, tú serás la única princesa de este Reino.

Nora: Y los guardias ¿Cómo burlarlos?

Maranda: Déjalo en mis manos, sólo convence a la princesa, sí, dile que afuera es bello, todo es más fácil; que allá puede cumplir el gran sueño de ser cantante famosa como ella lo desea. Dile que allá afuera es más fácil lograrlo todo, que la van a respetar por ser una princesa y que muy rápido será ídolo de multitudes.

Con engaños y celos Nora Corazón convencerá a la princesa Alondra Alcatraz para que huya del Reino de Coronalandia. Así se cumpliría tal y como lo indicó el hechizo del hada Malicia.

En el salón privado el rey discute la posibilidad de evitar que el hechizo surta efecto; ese hechizo que sabe que le llevará a perder a su hija, la princesa Alondra Alcatraz Castilla.

El temor del castigo que el rey recibió infunde en él los peores miedos jamás imaginados; para el rey Armando y la reina Katrina, ya es un hecho que la hora llegó, por lo que ambos buscan la última ayuda para hacer algo por su hija.

Sir Antonym: Su majestad, por favor.

El rey Armando: Gracias, Sir Antonym.

El sabio: Su majestad, bajo tu rojo manto ante todo yo venero tu corona.

El rey Armando: No por favor, yo necesito vuestra sabia ayuda.

La mujer sabia: Lo que sea su majestad, es un honor servirle; hable; dispuesta estoy para ayudarle en lo que sea posible por medio de mi ciencia.

Sir Antonym: Mi rey ha consultado muchos adivinos, sabios, médiums y todos le dicen lo mismo; pero saben que el temor sigue en la vida del Reino, como una incesante pesadilla que día a día le quita el sueño.

El sabio: Deberéis contaros lo que ha pasado.

Sir Antonym: Una bella niña nació hace quince primaveras ahora, las hadas del bosque de Coronalandia asistieron a darle los dones y el visto bueno a la princesa. Pero el hada Malicia, una hada malvada y resentida, no fue invitada por el grupo de sus amigas hadas, y motivada por la molestia castigó a vuestros reyes Armando y Katrina. Les dijo que a la princesa han de perder, que con ella se irá la paz de vuestro Reino, que morirá; pero también dice que deberán reconocer el canto con su retorno.

El sabio: Morirá y volverá.

Sir Antonym: Sí, deberán reconocer su canto cuando ella vuelva.

El rey Armando: Y esta noche mi hija cumple sus quince primaveras, temo por ella, temo que esta noche pase lo que he tratado de olvidar, lo que me ha quitado el sueño desde hace quince primaveras. Temo que pase lo que ha de pasar por el anuncio de aquella malvada hada.

El sabio: Su majestad, es sólo una profecía que no sucederá, confíe en mí, no hay por qué temer a nada, todo estará bien.

La mujer sabia: Vuestro miedo es por la firmeza en la que el hada lo dijo, pero un hada no puede hacer eso, un hada es un ser hecho para el bien.

El rey Armando: Es casi lo mismo que todos los sabios me dicen.

El sabio: Lo es su majestad, es sólo un miedo que esta hada le hizo creer y ahora usted ha vivido sugestionado por tal miedo.

El rey Armando: No, no lo es, hay algo de seguridad en lo que me dijo; Coronalandia tendrá guerras, pérdidas de vidas humanas, hambre, derramamiento de mucha sangre, dolor y más dolor ¿Qué hay de cierto en todo eso que afirmó el hada Malicia? ¿Cómo saberlo?

La mujer sabia: Las batallas están escritas, tu pueblo se levantará de ésta, la firma de paz volverá, pero la peor guerra se librará dentro del mismo palacio.

Sir Antonym: Por favor puede irse, le agradecemos su gran ayuda.

El rey Armando: Encárgate de pagarles sus servicios.

El sabio: No su majestad, servirte a ti vuestro rey es un privilegio.

En la alcoba de Alondra Alcatraz.

Maranda aprovecha que la princesa ensayaba el vals en el salón de fiestas, ocasión que ella utiliza para tomar uno de los más elegantes vestidos de la bella princesa.

Poco después la reina Katrina y la esposa del Sir —su dama de compañía Teresina— ambas estaban juntas conversando.

El salón de la corte.
Teresina: Su majestad, aún llevo dibujado en mi mente el rostro de aquel bello niño que yo perdí.
La reina Katrina: Buena mujer, de sobras se cuán doloroso ha sido la desaparición de tu bebé, aún llevas dibujado ese rostro dulce de aquel niño; era tu hijo y nunca debes perder la fe de volverlo a ver.
Teresina: Su majestad, sus vestiduras ya han quedado preparadas.
La reina Katrina: A ver, deja eso para después.

Teresina: Su majestad, por piedad, no, no quiero hablar de ello, me duele el alma sólo de pensar que no sé ¿Qué paso con mi hijo?

La reina Katrina: Mujer, hablar te hace bien.

Teresina: Mi reina, yo estoy para escucharle no para que me escuche, sería un abuso de mi parte.

Katrina: Sir Antonym te culpa de aquella desventura ¿Es así verdad?.

Teresina: Sí su majestad, me culpa de que se hayan robado a nuestro hijo, no me explico como pasó, pero me dormí; no sé cómo pudo pasar, no me explico pero me dormí, hasta ya no poder ni ver bien. Fue como algo que peleaba conmigo por dormirme y no dormirme; y cuando desperté ya estaba el escándalo, mi señor esposo gritaba preguntado por su hijo.

La reina Katrina: Calma, que los servidores de mi señor lo encontrarán y te lo traerán de regreso.

Teresina: Sé que moriré sin volver a verlo, no sabré qué vida tendrá mi hijo, porque mi corazón de madre me lo dice; dice que mi hijo está vivo, lo puedo sentir dentro de mi corazón, lo puedo sentir. Sé que llora mi ausencia y yo veo su rostro, escucho su voz llamándome mamá… Su majestad perdone, no debo llorar, perdón, perdóneme por favor, antes que nada le debo respeto su majestad.

La reina Katrina: No, no mujer, tu odisea es para quedar peor de lo que tú quedaste.

Teresina: Gracias mi reina.

En la cocina del palacio la malvada Maranda —la jefa de las criadas del palacio— se encarga de ponerlas "a pie de plomo" trabajando rápidamente. Ella se dedica a cumplir su misión para esta noche con un plan tan perfecto y malvado.

Maranda: El banquete debe estar listo su majestad, el rey Armando y la reina Katrina han de venir a degustar todos los manjares; muévanse, tú qué esperas para pelar las papas y el resto de las verduras.

Una de las criadas: ¿Y usted qué? Sólo va a pasar el día entero regañándonos y sin hacer nada.

Maranda: Guardias encierren en el calabozo a esta insolente, enciérrenla por una semana a pan y agua.

La criada: Bruja, bruja, bruja pagarás por esto.

Maranda: Castíguenla, denle siete azotazos. Ninguna de ustedes se atreva a defender a esta insolente, no crean que la va a pasar bien por allá.

Los guardias se llevaron a la joven criada, la iban a castigar con siete azotazos y la mantendrían una semana encerrada en el calabozo a pan y agua.

La malvada mujer salió de la cocina, en el pasillo se encontró con el guardia, que era su marido.

Usuu: Ya está.

Maranda: ¿Dónde tenerla?

Usuu: En nuestra alcoba.

Maranda: Gracias mi señor esposo.

Usuu: Todo esta listo para después de la medianoche.

En el salón principal, los reyes Castilla y los señores Fonteviva estaban reunidos, la reina Katrina mostraba poca serenidad. Pero el rey Armando le hacía ver que todo era una mala broma del hada Malicia; aunque en el fondo el rey sabía que él también lo presentía como un hecho real.

El rey Armando, Sir Antonym y la dama de compañía de la reina se vieron entre si, sabiendo que lo dicho por el hada era un presagio real.

Y para sus fines la malvada Maranda ha conseguido que Nora Corazón —la hija menor de los reyes Castilla— sienta envidia profunda, celos por el título de princesa y una disputa por la corona de su hermana la princesa Alondra Alcatraz; por lo que jugando con cartas sucias Nora Corazón Castilla peleará por el título de princesa.

Las hermanas Castilla estaban en la alcoba conversando.

Nora Corazón: Hermana, te ves hermosa, estás tan llena de alegría que sólo te falta una sola cosa para ser completamente dichosa.

Alondra Alcatraz: Tú lo sabéis hermana mía.

Nora Corazón: Hermana, sé que desde pequeña tenéis un bello don, sé que deseáis ser cantante como otras niñas de vuestras edades, como las de afuera del palacio. Deseas recorrer el mundo como el ave vuela de rama en rama, deseas hacer escuchar tu canto como las niñas de afuera lo hacen; deseas volar y hacer que tu canto sea símbolo de amor, paz y justicia.

Alondra Alcatraz: Vos sois inteligente hermana mía.

Nora Corazón: Así es hermana mía.

Alondra Alcatraz: ¡Oooh! Hermana mía cuan grande es mi deseo, que hoy he de pedirle a nuestro padre que me cumpla ese deseo.

Nora Corazón: ¿Cómo has de conseguirlo?

Alondra Alcatraz: He de pedírselo en obsequio a papá, le pediré que me inscriba en un colegio de canto, para yo poder cantarle a vuestro rey de los cielos, como escucharéis tú y nuestros padres mi bello y apasionado canto.

Nora Corazón: No lo hará, papá no lo hará.

Alondra Alcatraz: ¿Por qué me dices eso?

Nora Corazón: Porque he escuchado a vuestro padre cuando le dice a Sir Antonym, que tiene miedo a que tu canto sea tu fin.

Alondra Alcatraz: No, mi canto será mi dicha, mi canto será vida y amor.

Nora Corazón: No lo hará, se lo has pedido desde hace mucho y siempre ha puesto una barrera. Además, eres la hija de un rey, no la hija de un campesino más. Pero si tú quieres que nuestro padre te lo niegue una vez más, pedídselo ahora; yo sólo te digo que si quieres lograr tus sueños, puedes lograrlo sin ayuda de papá.

Alondra Alcatraz: ¿Cómo? Decídselo a tu hermana, anda, no me tengáis en ascuas.

Alondra Alcatraz bajo el alto grado de inocencia e ingenuidad cae en las redes tendidas por su hermana y la malvada Maranda.

Nora Corazón: Sólo lucha por tus ideales como lo hacen los del Reino, lucha haciendo lo que sea por conquistar tu sueño, lucha yéndote de aquí, sí, sólo yéndote de aquí lo conseguirás. Afuera todo es más fácil, afuera te darás cuenta de lo fácil que es ser una princesa, porque todos esos muertos de hambre te rendirán pleitesía y escucharán tu canto; canto que será afamado por ser de una princesa como tú.

Alondra Alcatraz: ¡No! No puedo irme y hacerle esto a papá y mamá. Dime ¿Y papá y mamá qué?

Nora Corazón: Te entenderán porque te verán famosa, hasta te deberán respeto porque eres valiente, sabrán que luchas por tus ideales. Sal del palacio y lograrás todos tus sueños de volar libremente; huye del palacio esta misma noche y vuelve cuando seas la princesa del canto.

Alondra Alcatraz: He de pensarlo y si me conviene he de marcharme hoy y volver convertida en la princesa del canto.

Mientras en las afueras de la ciudad de Coronalandia existe un orfanato, un lugar en el que está recluido el joven hijo de Sir Antonym y Teresina de Fonteviva.

Jorge estaba en el patio peleándose con un jovencito del orfanato, la directora los reprende a los dos.

La directora: ¿Por qué se peleaba esta vez?
El jovencito: Porque éste se cree de sangre azul, sólo por sus dichosos apellidos.
La directora: Eso no quiere decir que sea motivo de pleito para los dos, ya los he encontrado tres veces peleándose por lo mismo, aquí los dos son unos simples bastardos.
Jorge: Yo nunca dije ser un sangre azul, simplemente dije que tenía mis apellidos.
La directora: Por Dios Jorge, Fonteviva es un

apellido más en el mundo, no quiere decir que pertenezca a la realeza de Coronalandia o de otro reino cercano. No perteneces a la nobleza, eres un bastardito como todos ellos; eres un bastardo, grábatelo, no tienes familia, te dejaron botado. El hecho de que trajeras ese medallón no quiere decir nada, quizás te lo pusieron para despistar tu origen.

El joven: Tú crees que si fueras de sangre azul estuvieras ahora aquí, mendingando un plato de comida en mal estado.

La directora: Aquí nadie es de sangre azul, aquí todos somos de sangre roja, entendido.

Jorge: Pero no van a negar que Fonteviva sea un apellido de abolengo, que no cualquiera lo porte, y yo soy Jorge Ignacio Fonteviva.

El joven burlonamente dijo: Oh sí, su majestad el príncipe Jorge Fonteviva, serás príncipe pero del hambre, príncipe de los bastardos como nosotros.

La directora: Jorge no estamos seguros de que tú seas un Fonteviva, eso sólo lo dices tú, que sé yo si te lo inventaste; es más aquí eres sólo Jorge sin apellidos, eres un huérfano más, un abandonado por el mundo, un jovencito que vive de la caridad pública. Sólo eres un número más que espera de la caridad para ser adoptado.

Jorge: No se preocupe yo lo sé muy bien, ya que día con día me lo hace recordar, yo sé quién soy.

La directora: ¡Ay no! Esas lágrimas para un hombre no van.

Jorge: No lloro señora directora, me río de la vida, me encanta el trato que nos da.

La directora: No digas cosas que puedan hacer que te mande a dar una tunda.

Jorge: ¿Otra? No le es suficiente la que nos da cuando pedimos que comer.

La directora: Cállese, y ustedes jovencitos compórtense, que como van nadie los va adoptar. Sí, nadie los querrá adoptar; a ti menos Fonteviva, nadie te adoptará por esos aires de grandeza.

Jorge: Un día voy a ser alguien, voy a hacer algo por los desamparados, no quiero que otros tengan el trato que ahora todos tenemos por su amargura.

La malvada directora del orfanato era cruel y despiadada, golpeaba y maltrataba vilmente a los internos.

La directora le dio a Jorge un latigazo en la cara, haciéndole sangrar por el impacto y provocando mucho miedo entre todos los niños y jovencitos que le veían.

La directora: Esto es lo que pasa cuando uno de ustedes no me cumple con la disciplina del orfanato «El pilón».

Jorge: De sobra conocemos sus castigos, sus torturas arrodillándonos en granos de maíz, maicillo y untándonos sal como si fuéramos vacas.

Jorge sufría despiadados maltratos dentro del

orfanato, pero talvez el rumbo de su vida cambiaría cuando una pareja de cónsules lo adoptaran.

La vida de Jorge era distinta a la del niño que se robaron del palacio, aquí trabajaba duro para poder llevarse algo a la boca, dormía en cama de madera, comía poco. Sufría agresiones verbales y físicas, de sobremanera las ofensas de todos —en especial de la directora— que a todos hacía ver que ahí no eran más que un montón de bastardos.

En el palacio de Coronalandia.

Maranda y su esposo Usuu van por el puesto jerárquico de Sir Antonym y el de la Sra. Teresina de Fonteviva; ya esta noche debilitarán a los reyes por hambre de poder, cuando sólo son dos criados aspirantes a una venganza.

El hechizo se cumple

Los invitados a la gran fiesta del palacio han llegado, todo está exquisito, la música son clásicos, los bocadillos extravagantes y la paz que pronto ha de volverse un caos rotundo.

De la habitación de Maranda sale Evelyn, una linda jovenzuela vestida como una princesa, muy elegante y con el traje de la princesa Alondra Alcatraz; vestido que se robó Maranda. Es así como el plan del mal hace cumplir el hechizo del hada madrina.

Maranda: ¿Ya sabes lo que hay que decir y hacer?
Evelyn: ¡Claro, claro que sí!
Maranda: No puedes fallar.

Mientras tanto la princesa Alondra Alcatraz se vestía con ayuda de las criadas y su dama de compañía.

La reina Katrina: Te ves linda, como una rosa de color rojo.
Teresina: Princesa, eres la flor más bella de la primavera.

Nora Corazón: Yo se lo dije así, es linda como las flores de Alcatraz.

Nora Corazón hablaba con recelos en el corazón, porque su hermana era al ser que más odiaba y envidiaba; disfrutaba porque al irse su hermana y volver sus padres la castigarían, sin sospechar para lo que en verdad fue usada.

Alondra Alcatraz: Hoy sí me ganaron el corazón, ya que siempre digo que soy una princesa difícil de ganar, ay, pero soy una princesa fácil de amar, hoy me ganaron fácilmente con tantas flores que me han tirado.

La última fiesta de Coronalandia en compañía de la princesa era hoy, la última alegría de los reyes Castilla y los habitantes de Coronalandia era hoy, una noche en la que el hechizo estaba a punto de cumplirse.

Mientras que el mayor de los temores para el rey Armando Castilla surte efecto; es que grandes sabios no le pudieron decir nada sobre la profecía, hechizo o castigo del hada malvada de nombre Malicia.

En su alcoba el rey Armando estaba vistiéndose, cuando de pronto aquella cruel hada madrina reapareció tras de él; justo cuando se veía al espejo.

El hada madrina Malicia: Me recordaréis, sí me recordarás porque estas quince primaveras, habéis vivido sufriendo mi castigo; y eso no ha sido el principio, porque el principio inicia hoy. Tú habéis vivido con ansias de este día y es que habéis vivido en angustia, como ya te lo había dicho, éste es sólo el inicio de las angustias y dolores que tú pasaréis por mi castigo, ¡ajajá!

El rey Armando: ¡Mientes, tú mientes!

El hada Malicia: Su majestad, imagino que usted se ha de acordar de mí, hace quince primaveras dejé algo que está próximo de cumplirse.

El rey Armando se quedó frustrado, piensa que fue un miedo imaginario porque piensa en que los sabios le han dicho que no tema, que no sucederá nada; pero el destino ya está escrito y lo que pasará ahora, el mismo rey lo verá.

El rey Armando dijo murmurando: El miedo no se va apoderar de mi ahora, los sabios han dicho lo contrario a lo que dice el hada, los sabios de Coronalandia me han dicho que no pasará nada… ¡Cielos! Debí imaginarme lo que me dijo ahora esa hada Malicia.

En la cocina del palacio la malvada Maranda esparció el líquido en toda la comida que se tenía preparada para los reyes, y en las bebidas que les apartaron a los guardias del portal principal del palacio.

Los reyes Castilla entran al salón de baile en compañía de los señores Fonteviva, siendo recibidos por una lluvia de aplausos; un hecho que da envidia a Maranda, porque desea el lugar de

Teresina, la dama de compañía de la reina.

El rey Armando dio sus saludos a los invitados de todo Coronalandia y otros reinos, luego Sir Antonym anunció la entrada triunfal de la princesa Alondra Alcatraz, la jovencita que cumplía sus quince primaveras.

Catorce jóvenes príncipes de otros reinos amigos desfilaron junto a catorce princesas. Ambos grupos se formaron en dos filas, desde los escalones que bajaría la bella princesa, hasta el centro del salón donde había un gigantesco corazón con un número quince (15), hecho con un surtido de flores coloridas y naturales.

Los príncipes desenvainaban sus espadas con una mano y las elevaban, las princesas deshojaron las rosas que traían en sus manos, elevaron las flores hasta dar con la punta de la espada, permitiendo dejar una pasarela por la que por debajo desfilaría la princesa.

Pronto el mundo de invitados aplaudió cuando vieron a un grupo de hombres jóvenes vestidos de blanco; esos hombres eran los que aparecieron cargando a la princesa quinceañera. Ellos la bajaban de sus hombros y la bella princesa saludaba gustosamente a todo el mundo, mientras bajaba los escalones. Atrás de ella venían los ocho hombres que la cargaron en aquella silla, los hombres venían marchando; la princesa llegó hasta el corazón con el quince. La emoción era intensa… El rey Armando y la reina Katrina felicitaron a su hija en compañía de la otra princesa y los Fonteviva.

Poco después la princesa bailaba el vals con su padre el rey Armando, y los príncipes bailaban con sus bellas princesas, encerrando en círculo al rey Armando y a su hija la princesa Alondra Alcatraz.

El rey había olvidado por un momento al hada, la cual se apareció ante él, para recordarle que lo dicho no era un engaño sino un hecho real.

El hada Malicia habla con el rey Armando, pero nadie podía notarlo sólo ellos dos, para todos el rey estaba bailando con su hija la princesa Alondra Alcatraz, sin que nadie supiera que estaba cumpliéndose el hechizo.

El hada Malicia: Majestad, desde hoy comienza tu desdicha… La princesa Alondra Alcatraz Castilla —sin saberlo— perderá los recuerdos de su mente, sus memorias más adoradas se le irán; con ello una nueva mujer florecerá, en la cual su canto deberás reconocer. Pobre niña ingenua; pero nadie dijo que fuera fácil ser una princesa… ¡jajaja!

Cuando el rey Armando terminó de bailar con su hija, la dejó para conversar con Sir Antonym su confidente, a quien le pide consejo sobre lo que ahora le dijo el hada Malicia.

El rey Armando y Sir Antonym entraron ofuscados a un salón privado, donde abrieron conversación.

El rey Armando: Sir, Sir, mi buen amigo confidente, es cierto, todo es cierto Sir Antonym.

Sir Antonym: ¿Qué? ¿Qué es cierto su majestad?

El rey Armando: El hada malicia no mintió, es mi castigo, por qué cree que yo invité a las hadas del bosque para darle dones y bendiciones a mi hija. Cree que yo invité a las hadas del bosque de Coronalandia, cree que no pensé en ella para que le obsequiara un don a mi hija, cree que a ella no la invité. Sir, ella no comprende que las hadas vinieron a la fiesta del nacimiento de mi hija sin invitación.

Sir Antonym: No le aclaró eso a Malicia, no le aclaró cómo ocurrió todo, que las hadas del bosque se autoinvitaron solas.

El rey Armando: No me dejó hablar, su molestia es enormemente terrible y perjudicial para mi hija, su molestia conmigo es demasiado cara.

Sir Antonym: Pero en verdad su majestad ¿Qué le dijo hoy esa hada Malicia?

El rey Armando: Habló de vuestra ciudad, de mi reina y de mi vida, que todo cuanto amo estará en guerra. Mi hija, mi princesa, se llevará con ella la paz, y que cuando vuelva deberé aceptar el canto, un canto que me hará reconocerla.

Sir Antonym: Pero ¿Qué canto debe ser ése su majestad?

El rey Armando: No lo sé, no entiendo.

Sir Antonym: Y le dijo ¿Qué es lo que ha de pasar?

El rey Armando: No, y lo que me desagrada es que los sabios, todos me engañaron, los sabios no saben nada, eran sólo charlatanes.

Sir Antonym: Cálmese su majestad, tenga fe en que nada ha de pasar, ya tomaré las debidas precauciones, vigilarán a la princesa paso a paso, total eso no ha pasado aún.

El rey Armando: Tú lo has dicho, eso aún no ha pasado, significando que sí va a pasar.

Sir Antonym: Mi rey, mi rey, no pasará, vigilaremos a la princesa, velaremos hasta sus sueños.

El rey Armando: Mi hija, mi princesa no puede irse, no puede, si estos años he evitado que cante es por ese mismo miedo a que se muera, y no entiendo cómo un muerto vuelva después de muerto.

El siguiente retoque del mal es ahora mismo en el salón donde se llevaba a cabo la fiesta.

Evelyn, una chica de la misma edad de la princesa es quien endulza el oído de la inocente princesa, engañándola le pinta un mundo mágico fuera del palacio.

Evelyn le hace señales a la princesa para que acuda para hablar con ella; sin saber la princesa cae en las redes tendidas por la maldad.

Evelyn ha venido a ponerle a la princesa una fogosa propuesta de fuga, escape del cual su destino estará dicho, como lo estableció aquella malvada hada madrina.

Alondra Alcatraz: ¿Es conmigo?
Evelyn: Sí, claro que sí princesa.
Alondra Alcatraz: ¿Tú eres…?
Evelyn: Soy la princesa Evelyn Ovic, del reino Ovic.
Alondra Alcatraz: Ay gracias por venir a mi

fiesta, princesa Evelyn Ovic.

Evelyn: Felicidades princesa, muchas felicidades por tus quince rosas, primaveras o como sea princesa, felicidades.

Alondra Alcatraz: ¡Gracias!

Evelyn: Ay princesa y aquí en confianza dígame ¿Cuál es su sueño?

Alondra Alcatraz: ¿Qué? Me lo hará realidad.

Evelyn: Mira, los sueños de una niña se convierten en realidad a base de luchas y sacrificios; conoce de mí, una niña que aprendí lo difícil que es ser una princesa real. Véame, yo he venido a prometerle algo que yo sé que a usted ha de gustarle mucho, y esto que le daré es más valioso que un tesoro.

Alondra Alcatraz: Ah sí, a ver escucho princesa Evelyn, decidme que es eso que ha de gustarme a mí.

Evelyn: He encontrado en las afueras de Coronalandia, la oportunidad de nuestras vidas, algo que vosotras tenéis en común.

Alondra Alcatraz: ¿Qué es eso que vosotras

tenéis en común?

Evelyn: Sí, un hombre acaudalado, te cuento que su vida es crear artistas como vosotras soñáis; sí, su trabajo es crear cantantes como tú y yo. Le he hablado mucho de ti y está dispuesto a trabajar contigo para convertirte en la sensación de Coronalandia.

Alondra Alcatraz: Eso es excitante princesa Evelyn.

Evelyn: Sólo Evelyn, llámame Evelyn.

Alondra Alcatraz: Yo amo el canto ¿Quieres escucharme?

Evelyn: Honor que me hace princesa Alondra.

Alondra Alcatraz: Llámame sólo Alondra Alcatraz.

Evelyn: Muy bien Alondra.

La bella princesa se acercó a los músicos y les pidió música para ser acompañada en el canto; y fue así como todos en el Reino por última vez escuchaban el canto de paz y amor de la princesa Alondra Alcatraz.

La princesa Alondra Alcatraz:

El amor envuelve tu cama
cuando tus ojos miran los míos.
Son tus manos, manos de ley,
las que me arropan con tanto afán.

*

Con tu canto tu voz tan bella
me haces cruzar hasta el Paraíso
donde mis sueños se hacen
más fuertes y mis cantares
son escuchados.

**

Eres la fuerza de mis impulsos,
eres la llama que enciende mi alma,
no existen muros ante mis sueños
cuando tu voz me dice seguir.

***

Desde el salón donde estaban el rey Armando y Sir Antonym, el rey Armando escuchó el canto de su hija la princesa. Nunca comprendió que el canto que él mismo escribió para ella, sería el que debería recordar, y desde el salón privado el rey salió hacia su hija con prisa.

La princesa cantaba:

> *Paso a paso ante esta vida*
> *has sido guía en mi caminar.*
> *Me has levantado cuando he caído,*
> *si he fracasado me has dado paz.*

****

> *Si esta vida dijese basta*
> *y hubiese un alto en mi respirar,*
> *quiero que sepas vaya donde vaya*

dentro de mi alma siempre estarás.

Todo mundo aplaudía por la forma tan sencilla y hermosa, en la que la princesa cantaba majestuosamente aquel canto, compuesto y cantado también por su padre el rey Armando.

El rey Armando: Hija mía has vuelto a cantar, hace mucho que no lo hacías en una de nuestras fiestas.

Alondra Alcatraz: Padre, de sobra conoces mi gran amor por el canto.

El rey Armando: Hija mía de cuántas formas he de pedirte que no cantes más, calla el canto de tu boca, cesa en nombre de tu padre.

Alondra Alcatraz: ¡Padre! ¡Oooh padre mío! Padre, por qué cortarme las alas cuando apenas empiezo a alzar el vuelo.

El rey Armando: Hija, pide mi corona y la tendrás, menos el canto, no me pidas ese deseo.

La reina Katrina: Mi señor, no debes estrujar el sueño de una de nuestras hijas.

Las cinco hadas madrinas aparecen ante el rey Armando y le hablaron, un hecho que como siempre sólo el rey podía escuchar.

El hada del Canto: Lo que ha de pasar, pasará su majestad, usted no puede evitar lo que ya está escrito para poner a prueba el don del canto de la princesa.

El hada de la Belleza: Temes a que el canto sea la desgracia para vuestra hija la princesa Alondra Alcatraz, pues yo os digo algo su majestad: tienes que dejar que pase lo predestinado.

El rey Armando: Sí, por eso le he prohibido cantar, porque no quiero perderla por el canto.

El hada de la Fortaleza: Vuestra hija buen rey lleva tu fortaleza; tu nobleza y tu corazón podrá caer, pero se levantará como la guerrera capaz de luchar y vencer sus miedos.

El hada de los Sueños: Como todo ser vivo y como ser humano que vuestra hija es tiene sueños, y uno de ellos es el amor por el canto; su majestad no puede empezar por cortarle las alas a su propia hija.

El rey Armando: El canto ¿Por qué no habéisle dado el don del ballet? Qué sé yo, el don de bordar hermosos mantos, dibujar bellas obras de arte.

El hada de los Sueños: Porque el amor al canto lo heredó de ti, su sueño es el canto y canta para ser escuchada por ti, por todo tu Reino. Canta para tu rey, para aquel que es Rey de Reyes sobre todos los reinos de este mundo, déjala cantar, no temas, los miedos véncelos tú, no ellos a ti.

El hada Allis: Mantente vivo, ágil, fuerte, activo a lo que tendrá que ocurrir a partir de esta noche, porque se escribe el principio del fin.

El rey Armando: Hablaré con mi hija, le diré por qué no quiero que cante, porque si sigue cantando, si sigue ese sueño, no la volveré a ver, porque si habla del canto es porque ella canta, pero ésa será su mayor desventura, y eso mismo será mi desdicha porque he de perderla.

Apareció el hada Malicia una vez más para divertirse con su burla.

El hada Malicia: Rey, rey ¡Oh mi rey Armando! ¡Ajajá! Ahora si temes a mis palabras. Sabe su majestad, pensaba que el hechizo no se cumpliera; pero para que se dé cuenta que no sólo su palabra es ley, haré que la mía también lo sea. Ahora sí teme y cree que lo que dije es una ley como la que impones tú sin tocarte el corazón.

El rey Armando: Te lo exijo, cura a mi hija.

El hada Malicia: Escucha bien rey, sí mírame aquí rey Armando, tu palabra me importa un trébol ¡Ay no, un trébol no! Me importa una hoja de copinol.

El rey Armando: Cura a mi hija, pide lo que quieras y te lo concederé.

El hada Malicia: No quiero nada, ya está escrito cómo todo ha de pasar, nos vemos en quince primaveras más, me recordaréis yo lo sé, ¡ajajá!

El rey Armando: Dime si al menos el canto que mi hija canta será el que yo deba reconocer.

El hada Malicia: A su tiempo lo sabrás reconocer no ahora.

El rey Armando ahora enfrenta su realidad con desesperación y no encuentra qué hacer para evitar lo que está a punto de acontecer.

Más tarde el banquete de la fiesta se había servido, los reyes Castilla —sin saberlo— habían caído en la comida con la misteriosa pócima para dormir.

Los príncipes y princesas tomaban bocadillos; la princesa junto a la falsa princesa tomaba bocadillos, y con su inocencia caía en los enredos engañosos de Evelyn.

Alondra Alcatraz: ¿Cuándo hablaremos más de esto?

Evelyn: Cuando tu fiesta ya haya finalizado hoy.

Después de la cena fue presentado un gigantesco y delicioso pastel, que partió y compartió la princesa emocionada con todos los suyos.

Al pasar de las horas hubo un hermoso baile, donde los reyes emocionados bailaron.

Los invitados se marchaban poco a poco, mientras los reyes se fueron a dormir presos de un sueño que no podían evitar, efecto del bebedizo que también le dieron a Nora Corazón la hija menor de los reyes.

A solas Evelyn convenció a la princesa Alondra Alcatraz de irse con ella, sin sospechar que su huida no tendría regreso.

Alondra Alcatraz: ¿Irme ya, ahora mismo?
Evelyn: Sí, cuanto antes mejor, cuando quieras algo no lo pienses dos veces, lucha por conseguir lo que sea, lo que quieras ¿O qué? Crees que todo es fácil no. De seguro eres una de esas princesas que temen salir de su palacio, porque pueden perderse y necesitan de papi.

Alondra Alcatraz: ¡No puedo!

Evelyn: Sí puedes, vamos, mira, te entrevistas con el profesor y ya, regresas hoy antes del amanecer y le dices a tus padres que lo contraten para que te haga una cantante, sin necesidad de salir del palacio.

Alondra: Es que no.

Evelyn: Lo ves, tienes miedo, no tienes coraje para luchar por lo que sueñas, eres una princesa soñadora, que cree que por ser princesa todo le tiene que caer por arte de magia.

Alondra Alcatraz: Sí, está bien, voy a demostrarte que no soy una más, te voy a enseñar que soy como todos los mortales que luchan por sus ideales.

Evelyn: Eso es princesa, valentía.

Alondra: Pero vamos a volver antes de la madrugada, sin que nadie note mi salida.

Evelyn: Claro, claro que sí princesa.

Una vez convencida la princesa es abrazada por Evelyn, quien por la espalda ve cómo la malvada

Maranda la felicita y ella le guiña el ojo con una sonrisa.

Después que la fiesta finalizó los invitados no estaban, los criados estaban dormidos, hasta sentados en el piso en diferentes lugares, ya que todos se bebieron la pócima dada por maldad. La ingenuidad y buenos sentimientos de la bella princesa le hicieron caer en los enredos de un engaño.

Cuando los reyes están dormidos, y hasta los mismos guardias del castillo duermen profundamente, Evelyn —la muchacha malvada— le dice a la princesa que ya es hora de salir.

La princesa inocentemente acepta la proposición que le ha hecho la socia del mal, y pensando que pronto regresará a casa, acepta ir con la princesa Evelyn.

Evelyn: Este es el momento, es ahora cuando tus padres están dormidos; sí, ahora que tus padres duermen no notarán tu ausencia por algunas horas, sólo saldremos poco tiempo y regresaremos antes del amanecer, para que nadie extrañe tu presencia.

Convencida la princesa fue a su alcoba, se cambió de ropa y se vistió con vestimenta sencilla, humilde «como la ropa de la servidumbre». Se vistió así para pasar desapercibida y no ser reconocida por los guardias.

Salieron del palacio, la joven princesa confiaba a ciegas en que volvería esta misma noche al castillo. Cuando salían vieron a los guardias profundamente dormidos, con esfuerzo entre las dos abrieron el portal, presionaron con fuerza la palanqueta que bajaba el puente y cruzaba la pequeña lagunilla.

En minutos la princesa estaba fuera de lo que era su castillo, tan confiada en sus metas como tan engañada de lo que iba a ser; tanto se creyó del engaño que sin cuestionar subió al coche seguidamente.

Evelyn: Princesa sube a mi coche, chofer listo a

donde le dije.

Y así en el coche se alejaron del palacio. Mientras que allá en el castillo los reyes dormían, la hija que les quedaba a los reyes también dormía como un tronco; todo el mundo dormía ya que todos habían sido adormecidos por la pócima.

En la alcoba de Maranda y Usuu, ellos estaban muy despiertos y felices por su plan, la perversa pareja tenía razones diferentes para odiar a los reyes. Sin embargo, Usuu creía que tenían las mismas razones; pero hasta él estaba engañado por su misma mujer.

Maranda: Al fin esa princesita odiosa desaparecerá como la dichosa hada lo dijo, así lo creerán y no nos culparán, ¡ajajá!

El hada Malacia apareció y dijo algo que ellos no escucharon: "Eso creen, al contrario ustedes fueron los elegidos para cumplir mi palabra".

Asimismo el hada Malicia desapareció sin ser vista y escuchada por los villanos esposos.

Usuu: Yo quiero ser el confidente del rey Armando, quiero el puesto de Sir Antonym, quiero su cabeza, desaparecer a su hijo no lo quebró, no nos ayudó en nada.

Maranda: No te preocupes, cuando yo sea la dama de compañía de la reina, haré que tú seas Sir Usuu; Sí, también haré que Sir Antonym, sea menos que tú, porque su puesto lo ocuparás tú, en cambio ellos ocuparán algo menos que nuestros puestos de criados.

Usuu: Esposa mía ¿Qué van a hacer con la princesa Alondra Alcatraz?

Maranda: Olvídalo, déjalo todo en mis manos.

Usuu: Dime ¿Qué harás con la princesa?

Maranda: La dejarán abandonada en medio de la nada ¡Ay no mi amor! Yo debería ser la reina, soy más joven y bella que esa paliducha que tenemos por reina y ama.

Usuu: ¡Calla! Pueden escucharte.

Maranda: ¿Quién si todos roncan como ogros?

Usuu: Pero de todas formas no hables así, no sueñes tan alto.

Maranda: Mañana comienza el dolor para los reyes Castilla.

Usuu: Merecieron perder a su hija, así como ellos hicieron que tú perdieras la tuya; si ellos no te hubieran obligado a realizar forzosos trabajos, ahora nuestra hija estuviera viva.

Maranda: Sí ¡Ay que pena!

Maranda se quedaba viendo a su marido Usuu, de una manera explícita, fingiendo tristeza, porque sabía que ella mintió y su hija estaba con vida en un lugar que nadie podría sospechar.

Mientras tanto la princesa Alondra Alcatraz viajaba en el coche con la joven princesa Evelyn, quien no era más que una compinche ambiciosa, que se prestó para jugar un juego vano y cruel.

Evelyn: Princesa Alondra, te cambiaste ropa, pero no te quitaste tus joyas.

Alondra Alcatraz: Ah sí, son los regalos que ahora me obsequiaron mis padres y mi hermana.

Evelyn: Qué joyas tan valiosas, tan bellas, tan hermosas, no había visto unas así.

Alondra notó que esta mujer estaba deslumbrada ante tales joyas.

Alondra Alcatraz: Ah sí ¿Y de cuáles joyas usas tú?

Evelyn: Ay no, yo quería decir que nunca había visto una joya que trajera la inicial del Reino.

Alondra Alcatraz: Ah sí, esta letra "C" significa Coronalandia.

Evelyn: Me hace el honor de prestármelas para probármelas.

Alondra Alcatraz: Las joyas.

Evelyn: Sí.

Alondra Alcatraz: A ver espera.

Evelyn: Princesa préstame tu collar de perlas, quiero ver cómo me veo, ay, y todas tus joyas tienen la misma letra.

Alondra Alcatraz: Sí toma, es un regalo que me obsequió mamá, este collar de perlas lo mandó a hacer especialmente para hoy.

Evelyn: Ay me veo divina, ahora préstame tu anillo de diamantes, sí los dos.

Alondra Alcatraz: Sí tómalo, y éste también es un regalo, es un obsequio de mi padre hace algunas primaveras atrás, y este otro anillo es el regalo que me obsequió hoy mi padre.

Evelyn: Qué bello anillo es éste, tiene tu nombre y la inicial esa de Coronalandia, me veo como una princesa.

Alondra: Lo que eres.

Evelyn: Ay sí verdad, pero qué bellos grabados traen tus joyas.

Alondra Alcatraz: Igual que el collar en cada perla puedes ver que hay una letra de mi nombre.

Evelyn: Que bello, a ver préstame esa pulsera ¡Ay no qué belleza!

Alondra: Toma, esta pulsera fue el obsequio de

Sir Antonym y la señora Teresina de Fonteviva, esposa de Sir.

Alondra Alcatraz veía cómo aquella joven se admiraba de sus joyas, como si nunca hubiera visto una de esas valiosas prendas. Y es que era cierto, era sólo una campesina que se hacía pasar por princesa.

Mientras tanto el chofer del coche comenzó a darse cuenta de que estaba mal, la pócima estaba surtiendo efecto, que a última hora a él le hicieron beber un trago de licor, donde le mezclaron la pócima del sueño. Ahora cuando menos se lo esperó se estrelló contra un árbol y se fue con vuelta a caer en un precipicio. Pero antes de todo la princesa Alondra Alcatraz Castilla se salió y cayó en un barranco, donde se resbaló y terminó dándose un golpe contra una piedra que la dejó inconsciente. Al caer el coche al precipicio se incendió, seguido por una fuerte explosión, hecho que llevaría a todos a caer en confusiones.

Desde este momento la vida de la princesa

tomó un giro que cambió el curso de su destino, ya no habría más hadas madrinas ni más magia, ya no sería una princesa sino una habitante más del mundo real.

A la mañana siguiente la bella princesa, golpeada, ensangrentada, adolorida y malherida reacciona con una severa jaqueca, actuando normal pero sin conocerse ni a ella misma.

Alondra Alcatraz: ¡Ay, ay, ay, que dolor! Hay sangre, sangre ¿Qué me pasó? Cielos, estoy sucia, ay me duele, hay sangre, sangre por aquí y sangre por todos lados, ay, qué dolor de espaldas, ¿Dónde estoy? ¿Qué hago aquí? ¿Cómo llegué hasta este sitio? ¿Dónde vivo? Ay, no sé, no sé nada.

La princesa comenzó a llorar y con la misma se fue caminando por los montes, llevando como bastón un pedazo de palo viejo.

Alondra Alcatraz: ¡Ay que hambre tan atroz la que traigo ahora!

Mientras en la lejanía, allá donde estaba el Reino de Coronalandia, lo que el hada predestinó era un hecho, ya se cumplió.

El rey Armando ordenó reunir a quinientos hombres para partir en busca de su hija la princesa Alondra Alcatraz.

Sir Antonym: Aquí esta el líder del batallón, el guardia Usuu.

El rey Armando: Busca con todos mis guerreros a mi hija, la princesa Alondra Alcatraz, quiero de vuelta a mi hija o los decapitaré a todos.

El guardia Usuu: Sus órdenes serán cumplidas su majestad, traeremos a su hija viva o muerta.

El rey Armando: Muerta no la he pedido.

Sir Antonym: Ya puedes retirarte.

El rey Armando: Espera, escucha mi advertencia, si no traes noticias sobre mi hija, esta noche yo cenaré junto a la muerte, porque voy a decapitarte, cenaré junto a tu cabeza en una bandeja de oro.

Sir Antonym: Calma su majestad, escuche mi

rey, calma; hay que confiar en que vuestra hija volverá.

El guardia Usuu: Con permiso su majestad.

El guardia Usuu salió y la reina Katrina entró en crisis, ahogada en un llanto desesperante.

La reina Katrina: ¿Qué pasó mi señor? ¿Dónde está mi princesa? ¿Dónde? Mi niña ¿Qué ha sucedido contigo?

El rey Armando: Mi reina, lo que el hada dijo era ciertamente real.

La reina Katrina: Mi princesa, mi princesita volverá, mi niña, mi niña se perdió.

Teresina: Su majestad yo la entiendo, venga, hay que tener fe en que la princesa estará bien.

Entra Nora Corazón, la otra hija de los reyes, ella entra fingiendo lágrimas.

Nora Corazón: Padre, madre ¿Por qué todos en el palacio lloran? Andan de un lado para otro, se le quebró una uña a mi hermana.

El rey Armando: Princesita, tu hermana la princesa Alondra, desapareció.

Nora Corazón: ¿Qué? No padre, mienten, mi hermana no desapareció, no.

La reina Katrina: Así es mi niña, tu padre ha dicho lo cierto, la princesa desapareció.

La joven Nora Corazón se sale llorando y se va corriendo, al salir en el pasillo tropieza con la malvada Maranda.

Maranda: ¿Por qué lloras? Por qué, si tú le dijiste que se fuera; piensa que hoy tú eres y serás la única, la única princesa y en años la que mande más, la reina Nora Corazón Castilla.

Nora: ¡A callar! Calla.

Mientras los guerreros, guardias y demás hombres del Reino buscan intensamente a la princesa, viajan a caballo por diferentes rumbos y divididos en grupos.

Así los días pasan y pasan lentamente, cargando el dolor y la falta de tranquilidad para los reyes, que no se imaginan que su hija ahora vive como una mendiga, robando frutos de los árboles propiedad de personas desconocidas. Pocos han visto vagar a la joven, pero no se imaginan que esa vagabunda mugrosa es la princesa, hija de los reyes del lejano Reino de Coronalandia.

La princesa viajaba por montes tras montes, viendo animales que la asustaban, escuchando ruidos, soportando fríos, tormentas, calores, durmiendo bajo árboles, comiendo frutos y bebiendo agua de los riachuelos y quebradas.

Pasó una semana y no se sabía nada de la princesa mucho menos del accidente, un hecho que a Coronalandia le tenía sumergida en tristeza.

Mientras en el palacio de Coronalandia, había alguien que sabía que la princesa estaba con vida, y esa persona era la bruja del calabozo.

El calabozo.

Chanais está consultando el oráculo que le

decía todo a través del agua en un vaso de cristal, donde se reflejaba una cara.

Chanais: ¡Oooh! Espíritus sabios apocalípticos, sabios demonios de los siete mares más llenos de pirañas, espíritus malignos, vengan a mí y alumbren en mí. Revélenme los secretos más secretos de la tragedia que a los reyes Castilla de Coronalandia hoy envuelven en dolor, vengan a mí en mi auxilio.

Y un demonio se figura en el agua de aquel vaso de cristal, un demonio que habla con la bruja.

El demonio del agua: ¿Qué deseas saber en verdad?
Chanais: Revélame toda la verdad de la tragedia que tiene conmocionado a todo este Reino de Coronalandia.

Comenzaron a salir aquellas imágenes desde que la princesa salió del reino hasta el momento del fatal accidente.

   Chanais: Entonces ella sigue con vida y una confusión está por hacer que la crean muerta.
   La voz del agua dijo: Sí.
   Chanais: ¡Jajaja! Ese es tu castigo, rey ingrato sufrir es tu castigo, así como yo sufro por tu culpa, ¡jajaja!

En su alcoba la reina Katrina no puede contenerse del terrible dolor, y comparte el mismo sentimiento de dolor como el que sufre su dama de compañía desde hace años, desde el momento que le robaron aquel pequeño niño de pocos meses de nacido.

   Por otro lado la princesa estaba dormida debajo de un árbol, se encontraba tirada como una persona sin hogar; estaba demasiado maltratada, irreconocible, con sus ropas muy sucias y hechas trizas. Una viejecita que cruzaba con una canasta en su cabeza iba cogiendo frutos de los árboles frutales, y en un movimiento repentino alcanzó a ver de lejos a una persona, se acercó con incertidumbre y miedo a la vez. Fue así como cuando llegó se dio cuenta de que era una linda doncella maltratada la que estaba ahí dormida, fuera de si, totalmente en estado deplorable.

Por otro lado los reyes recibían malas noticias, porque las autoridades de Coronalandia ya ubicaron a la princesa y la encontraron muerta; un hecho que hizo que el rey Armando y la reina Katrina, fueran a ver el lugar donde se accidentó el coche en el que murió su hija.

Las autoridades de Coronalandia sacaron residuos de lo poco que quedó del accidente y mencionaron cosas que pertenecían a la joven, un hecho que hizo creer a todos que la princesa murió carbonizada en el fatal accidente automovilístico. Sin imaginar que la realidad es otra y que ella estaba viva, vagando por montes, sin memoria y con un nuevo rumbo, que la alejará definitivamente de los reyes de Coronalandia.

La princesa llegó a una humilde casita, guiada por una anciana que le brindó ayuda, la princesa no hablaba, estaba ida de si misma; tenía mucha hambre debido a que llevaba ya más de dos semanas sin alimentarse debidamente. La ancianita se llamaba Leoncia Doohan.

Leoncia: ¿Cómo te llamas?
Alondra Alcatraz: Yo, yo, yo, yo no sé, yo me llamo, yo soy, no sé, yo…

La viejecita tenía la televisión encendida y estaban anunciando la muerte de la princesa, en los noticieros matutinos.

La reportera: Causa impacto la trágica muerte de la princesa de Coronalandia, la hija de los gobernantes de Coronalandia, la princesa Alondra Alcatraz Castilla, quien murió hace una semana y fue encontrada hasta el día de hoy en las afueras de su Reino. Los reyes Castilla y todo su Reino están ahora envueltos en duelo, llenos de consternación por el eterno descanso de la princesa Alondra Alcatraz

Castilla Arguello.

La anciana medio alcanzó a escuchar la noticia y poco pudo ver la fotografía de la princesa Alondra Alcatraz; ella no supo distinguir mucho por lo poco que podía ver debido a su edad. Y aunque la anciana viera bien, así como estaba la princesa no se parecía a la de la fotografía.

Leoncia: Abre tus manos, anda dame tus manos quiero verlas; ay mijita, caramba, tienes las manos tan suaves como si fueras la hija de unos ricos, eres como una princesa. Sí, ya sé, desde hoy te llamaré princesa, sí eso, así te llamarás Princesa Doohan.
Alondra: Princesa, yo, yo, yo me llamo Princesa, es lindo como yo.
Leoncia: Déjame curarte, después te das un baño, luego comes, descansas y en seguida veremos qué sigue.

Alondra Alcatraz dejaba de ser Alondra

Alcatraz Castilla para pasar a convertirse en una ciudadana más con el nombre de princesa Doohan. Así fue como la princesa de la realeza bajó al mundo de los pobres, donde sus sueños se podrían cristalizar pero con mucho esfuerzo; un esfuerzo que jamás pensó en su vida hacer.

Mientras todo Coronalandia se vistió de duelo y con una rosa blanca y una vela en sus manos, se dedicó todo el Reino a poner una vela encendida por persona, en nombre del alma de la princesa. Velas que ponían frente a un gigantesco retrato que se mandó a poner en la plaza pública de la ciudad; fue ahí que miles de habitantes se hicieron partícipes, lugar donde también con una bomba destruyeron la imagen de la princesa. Así dio comienzo una guerra con un Reino celoso que buscaba conquistar a Coronalandia; aprovechándose del mal que ahora padecía toda la ciudad por el dolor de la muerte de la princesa.

Todo comenzó con un grupo de hombres a caballo que comenzaron a bombardear la ciudad, disparando y quitándole la vida a quien se le cruzaba por delante.

Un grito de guerra contra reinos celosos se hizo y dio paso a la guerra destruyendo casas, fuentes de trabajo, matando y haciendo de todo por un poco de materialismo y sin piedad.

Pasaban los días, los meses y los años, la princesa no recordaba nada y vivía una vida que era demasiado carente, comparada a la que había tenido en su pasado. Aprendió de todo cuanto sabe una mujer de casa, con esfuerzo y lucha trabajaba como todo mortal lo hacía, las cosas que hace un pobre las aprendió a hacer; desde hacer tortillas en un fogón, hasta lavar su propia ropa, y a la vez estudiaba para ser cantante como lo había soñado.

La guerra por conquistar Coronalandia había destrozado media ciudad. El rey Armando había partido a la guerra con más de dos mil de sus hombres guerreros, donde muchos perdían la vida.

La princesa se graduó de la secundaria, entró a la universidad y tomó el canto como curso para su carrera de vida, lo que ya tenía por don. Cantaba y todo el mundo la amaba, trabajaba en un restaurante para costearse sus estudios.

Jorge salió del orfanato hace varios años, después de ser adoptado por una acaudalada familia, la cual al fallecer le heredó una enorme fortuna.

La princesa se hizo cantante, su fama comenzó aguantando desde tomatazos hasta insultos, por la música tan suave y romántica que cantaba. Pero demostró ser la princesa que era, porque con el pasar del tiempo llegó al estrellato, a la cima de la fama, y con su voz conquistó a chicos y grandes.

Su fama se hizo tan intensa que visitó casi el mundo entero, se instaló en México, lugar donde la coronaron como la Dos Veces Princesa y La Princesa del Canto. Fue así como ella se hizo modelo, actriz y cantante; fue portada de revistas, periódicos, salió en portada en mucho material publicitario sobre electrodomésticos, vestuario y útiles escolares, etc. Su popularidad era enorme; sólo había un hueco vacío que se llamaba: la falta de amor y un mundo oscuro que era la amnesia.

15 años después

En un gran evento la princesa recibió el título de princesa del Canto, y donde ella dijo públicamente: «Ahora yo soy Dos Veces Princesa».

México. Ciudad de México.

El momento para el amor se hizo para la princesa. El amor toma su tiempo y espacio, es ahora cuando el amor abrirá las puertas del corazón sin brecha a cerrarse.

La princesa era la estrella invitada para animar con su música a los recluidos en un orfanato, donde llegaron muchos payasos y en uno de esos payasos ella encontró a su príncipe.

Mientras en la realeza de Coronalandia el rey Armando le habla a su pueblo no con la voz de un derrotista. El rey Armando estaba junto a Sir Antonym.

El rey Armando: Gracias Sir Antonym.

Sir Antonym: Para servirle su majestad.

El rey Armando: No me escuchan.

Sir Antonym: Déjeme callarlos para que puedan escuchar su voz.

Sir Antonym alza la voz para que todos le escuchen.

El rey Armando: Gracias nuevamente.

Sir Antonym: Estoy a sus pies su majestad.

El rey Armando: Queridos habitantes de mi ciudad Coronalandia, en contra de su ira he venido a mostrarme para decirles que Coronalandia ya no está en guerra, ganamos y vamos a volver a renacer, como el sol nace cada mañana.

Y la gente gritaba como también recriminaba tanta hambre, destrucción y muerte.

El rey Armando: Queridos habitantes de Coronalandia, esta tarde pasará un hombre de cada familia por el palacio, se anotarán con el guardia encargado para entregarles un saco de harina para sus tortillas, alimentos básicos en una canasta… Y todos esos hombres también celebrarán la colaboración para la reconstrucción de nuestra ciudad, porque juntos vamos a renacer. Vamos a reconstruir nuestra ciudad, a trabajar de la mano para terminar con éxito.

Los ciudadanos con alta voz mostraban perseverancia, dibujando en sus rostros un "sí se puede" muy lleno de esperanzas.

El rey Armando: En cuestión de poco tiempo, todos tendrán sus dulces hogares, respecto a la guerra pusimos fin a ello con los acuerdos de paz entre el Reino Diafanito y Coronalandia. Demostramos ser ciudadanos dueños de nuestro Reino; no habrá más guerras ni reinos celosos, ya no se peleará más por conquistar nuestra ciudad porque esta ciudad ya tiene…

Toda la gente presente decía: Ya tiene su rey, el rey Armando es nuestro rey de Coronalandia... Coronalandia ya tiene su rey.

La ira del cielo se fue y le dio paso a la celebración más feliz; después de aquella guerra oscura alumbró el sol y con ello un nuevo evento se aproxima.

Mientras en las mazmorras de aquellas viejas celdas en los calabozos —donde se encierran y se olvidan a los reos— ahí sigue detenida la bruja Chanais.

Chanais podría arruinar todo nuevo plan trazado por la mente de Maranda, cuando decida hablar con el rey Armando, para contarle cosas que sólo ella conoce del ayer, del hoy y del mañana, ya que con los años la edad la ha hecho arrepentirse.

Chanais estaba hablando con su extraño espejo y este espejo le contestó una pregunta que por años Chanais quiso saber; pero le dio una respuesta acomodada a su manera, una respuesta que ahora podría darle un nuevo giro a la vida de todos.

> Chanais: Espejo, espejo, oh espejo, revélame qué hay por destino para el rey de Coronalandia, necesito conocer el destino de Armando Castilla.
> El espejo: Paz y felicidad, la princesa al fin despertará su mente, y con aquel canto traerá la esperanza y la felicidad eterna para los reyes.
> Chanais: Maldita sea, tengo que evitar que ella vuelva, no es justo que ellos recuperen su felicidad y yo no.

Pero esta vez Chanais tenía un testigo. Aquella criada que Maranda encerró por una semana y se le volvió por quince años; hoy esa criada seguía ahí y quien a través de un pequeño agujero que tenía el muro de su celda, por ahí estaba viéndolo todo. Miraba a Chanais pero también escuchaba claramente lo que ella decía.

Aquella mujer impresionada añadió en voz baja: La princesa Alondra Alcatraz vive, está viva, el hechizo era real… como dijo el hada. Ella volverá con justicia, amor y paz; ella volverá para hacer justicia y calmar los corazones de sus sufridos padres.

Y Chanais recibe su sorpresa, un evento que lo cambia todo en ella.

Chanais: Lo odio, odio al rey Armando Castilla, por él se murió mi hijo, me obligaron a subir unos sacos pesados en la bodega del palacio, lo odio.

El espejo: Tú has estado muy equivocada, tu hijo no murió por culpa del rey.

Chanais: ¿Cómo?

El espejo: Cuando tú pediste ser parte del grupo de los demonios poderosos, prometiste entregar al ser que más amaras y ése ser fue…

Chanais: No, y ése fue mi hijo, mi hijito, todo es mi culpa.

El espejo: Tú entregaste la prenda más amada.

Chanais: Todo este tiempo no lo supe entender, me olvidé de todo, me encerré en mi dolor, busqué un culpable. Pensé que por aquellos forzosos trabajos el rey era el culpable… Todo este tiempo hice daño injustamente a los reyes de mi Reino, que ingrata soy.

El espejo: No, no lo eres, el destino estaba escrito, y en ese destino aparecías tú así.

Chanais: He sido ingrata.

Y Maranda sorprendió a Chanais por lo que dijo: Lo hecho, hecho está querida bruja maestra mía, ¡jajaja! En todos estos años me hice una mujer perversa, ahora gracias a ti y a tu odio, conozco todos los secretos épicos y maléficos de los demonios más infernales, ¡jajaja! Ahora sé mucho de magia y pociones; creo que he de matarte yo, no me conviene que una infeliz bruja sentimental acabe con mis planes. Sí, matarte, así como maté a la maldita princesa, así como desaparecí al heredero de los Fonteviva, ¡jajaja! Amo las brujerías que me enseñaste, y he de matarte con un arma de las que tú me enseñaste a usar, ¡jajaja!

Chanais: El rey Armando debe saber que tú hiciste desaparecer a su hija la princesa Alondra Alcatraz, porque tu hija era a la que protegías; para que tu hija tuviera el título de princesa, lo que tu nunca tuviste. Debe saber que mataste a su verdadera segunda hija; no es así Maranda de Sultán, ¡jajaja! De qué te empalideces asesina.

Maranda: No te atreves por la simple o llana razón de que tú ayudaste en todo.

Chanais: No es verdad que tu marido Usuu Sultán sepultó con vida a la hija de los reyes, creyendo ciegamente que ésa era su hija; y nada qué decir cuando tu marido se entere de que le has mentido siempre, que nunca murió su hija, ¡jajaja!

Maranda: ¡Maldita! ¡A callar tu boca! ¡Calla maldita! No te rías de mí, hay de ti si vas y le dices todo al rey, juro que te mato.

Chanais: Y qué me dices cuando se sepa que

también te robaste al hijo de los Fonteviva, los confidentes de los reyes, cuando se descubra que lo mandaron a un orfanato en las afueras de Coronalandia; tienes para que te manden a la horca. Sabes que puedo leer lo que en cualquier instante vas a hacer, pero un solo error tuyo será tu perdición, porque si tú crees que la princesa Alondra Alcatraz Castilla murió, te equivocas.

Maranda: ¿Qué dices maldita? Ésa no está viva, esa fue historia gracias a mí.

Chanais: Estás equivocada, la princesa, la verdadera única dueña de la corona y título de princesa, está viva, vivita y vendrá muy pronto, ¡jajaja! Nada te salió como gustaba tu mente.

Maranda: ¡Cállate! Eso es una reverenda mentira tuya, me quieres introducir miedos, no hagas que la fatalidad se enamore de ti.

Fatalidad será la que perseguirá a la princesa hasta donde se encuentre; pero antes una predicción podría poner fecha al final contra el mal de Maranda.

Chanais: Maranda, Maranda Sultán, a tu hija se llevarán, a la que como prenda y garantía entregaste por aprender mis artes oscuras. Sí querida bruja, todo tiene un precio en la vida y tú diste a la prenda más amada y esa es tu hija.

Maranda: No, no, no, no maldita, mientes, mientes, renuncio a saber los secretos épicos y maléficos de los dioses malignos.

Chanais: Tarde, la ceremonia tú ya la hiciste, tarde, muy tarde, dame tu mano.

Y con miedo Maranda extendió su mano, y fue ahí cuando Chanais vio que la princesa Nora Corazón moriría por su corazón, el cual sería atravesado por una daga.

Chanais: Tu hija es mala, juega con fuego, su amante es un truhán con el cual no se juega, un joven que no pertenece a la nobleza. Es un jovencito que no permite que las mujeres jueguen con él, tu hija juega con ese hombre que la ama, lastima sus sentimientos. Pero muy mal porque su muerte será tan dolorosa como triste, su muerte será por una daga que cruzará su corazón. Su maldad la heredó de ti, es fría, perversa, de malos sentimientos, calculadora.

Maranda: A ver bruja sabia, dime y mi destino… ¿Cuál es mi destino?

Chanais: Serás desterrada de Coronalandia, y todo aquel que te vea recordará lo mala que fuiste y no te ayudarán en nada. Hasta los frutos de los árboles se pudrirán porque no querrán que tú los comas, los frutos al ser vistos por ti se secarán, se pudrirán, porque morirás de hambre y sed.

Maranda: ¡Jajaja! Y qué dice tu adivinanza sobre la tremenda paliza que he de darte ahora mismo.

Chanais: Que la paliza no se llevará a cabo.

Maranda: Quién dice que el destino no se puede manipular cuando se conoce, eso que has dicho no será mi destino porque voy a evitarlo, voy a evitar que la princesa venga al palacio, la voy a ir a matar yo misma, ¡jajaja!

Chanais: Nadie puede escapar del juicio final, la justicia viene para ti, caerá por su propio peso.

Mientras en la corte, el rey Armando y Sir Antonym lloraban y compartían las pérdidas de sus hijos, sin imaginarse que Cupido flechaba a sus vástagos, y que pronto sus hijos vendrían al palacio casados trayendo un nieto de ambos.

Mientras en su alcoba, su otra malvada hija estaba rodeada sólo de hombres —hombres muy atractivos— que ella rechazaba debido a uno en especial.

Nora: Ay, tú no torpe, ninguno de ustedes es hombre para mí; yo no necesito un hombre ridículo y fantasioso como ustedes. Necesito uno como los de afuera del palacio, de esos machos apuestos, esos campesinos corpulentos que lo saben hacer todo bien, y no andan de ridículos con sus frasecitas románticas.

Uno de los hombres que eran príncipes dijo: Somos los príncipes más codiciados de todos los reinos, hemos venido a cortejarte y a conquistar tu corazón. Pero tú sois una princesa altanera, casquivana; perdona vuestras frases de enojo, pero tu belleza es tan grande como tu mal corazón.

Nora: Príncipes insolentes, ustedes son unos insensatos, sólo piensan en cursilerías, son insatisfactores, ustedes me dan flojera ¡Ay no! Guardias, guardias, guardias…

Otro de los príncipes añadió: Amargada, gritona.

Y uno más de ellos dijo: ¡Bruja!

Nora: Largo de aquí, guardias ineptos, guardias, guardias, voy a desgalillarme por ustedes, guardias insensatos, guardias inútiles. Ordenaré que los decapiten por inútiles; saquen a estos pegajosos y bohemios, saquen a esos impertinentes.

La princesa Nora se levantó de su cama y cerró con seguro la puerta de su alcoba. Se aproximó a su ropero y de ahí sacó a un hombre que tenía el aspecto de malvado y ladrón; hombre con el cual sí se besaba apasionadamente.

Nora: Tú sí eres digno de estar a mi lado, de estar en mi alcoba, eres un macho bien hecho, todo un hombre; claro, sólo con el defecto de ser un pobretoncito más, pero para diversión mía estás rico papito.
Juan: Nora ¿Y tus padres?
Nora: Ahí siguen llorando a la muerta.
Juan: A ti no te da calor ni frío lo de tu hermana.
Nora: Ay ya ¿Qué quieres que haga? Si ya se murió, y con llorar no la revivo, ni falta que hace.
Juan: Nora, qué lindos ojos y qué linda boca tienes.
Nora: Ay no, vas a empezar con eso de "que lindo cabello" ¡Ay, ya!
Juan: Pero Nora.
Nora: Hey Juan ¡Sabes qué! Sáltate a la parte donde me desnudas con tus ardientes caricias

¡Ay no me mires así! Eres igual que todos, quieren vivírsela diciendo cositas aburridas, a mí me gusta la pasión y la acción, el fuego que quema.

Juan: Princesita no juegues con fuego.

Nora: ¡Ay! Es rico jugar así.

Juan: Nora, cuando estoy contigo todo es hermoso, cuando estoy en tus brazos siempre me pregunto yo ¿Cuándo te irás conmigo?

Nora: ¡Ay, para nada! Ni sueñes eso, claro que nunca me iré contigo; mi sueño es con un príncipe millonario, heredero de reinos, no con un Don Nadie, que lo único que tiene por herencia es robar.

Juan: No me insultes, que bien sé que te gustan las joyas que te he obsequiado.

Nora: Pues si crees que con joyas robadas me iré contigo, ni sueñes con que ese día llegue, pon el despertador para que te despiertes de ese sueño tan asqueroso, yo con un ladrón ¡Ay ni en mis pesadillas! Y menos con uno que es el más buscado de Coronalandia; ni muerta me iré contigo infeliz, lo único rico de ti es cuando tus manos desnudan mi cuerpo y tus besos empapan mis deseos más profundos.

Juan: Nora ¿Por qué me insultas? Por más princesa que seas, eres una perra, una perra que te encanta revolcarte con este perro.

Nora: Te insulto porque suena divertido, sólo me gusta pasarla rico contigo y no con esos principitos sin chiste y amanerados… ¡Ay, "es que soy el príncipe de Idiotalandia, el príncipe de Aragón; soy el príncipe de Chimisu". A mí me vale un tuétano que sea el príncipe de Chismolandia, o el príncipe de Chirilagua, cuando me divierto lo que quiero es eso: divertirme. Ya estaré aburrida y hasta entonces será cuando acepte a uno de esos infelices y ridículos.

Juan: Nora, mi Nora Corazón, mi corazón te adora, te amo dulce princesa. Escúchame, tú eres mía, y antes que seas de un príncipe, tú serás de la muerte.

Nora: Ay que rico se escucha eso, es excitante

escuchar a un macho amenazador.

Juan: Te encanta ver sufrir a los demás, te gusta como deporte, pero te amo de todas maneras; eres tan bella que quisiera vivir para dártelo todo.

Nora: ¡Ay no, que asco! No digas más tonterías, no estropees lo rico que me estás besando, no hagas que lo rico que me pasó contigo lo olvide. Total a ti te puedo cambiar cuando quiera, y puedo conseguir otro que haga esto como tú por diversión.

Juan: No te atreverás, no lo harás princesa, si lo haces te asesino.

Nora: ¡Jajaja! Qué rico, me excita cuando me dices eso enojado ¡Ay qué rico! Qué rica amenaza, me apasiona el peligro, pero no creas, soy de armas tomar, ¡jajaja! Ay ya, bésame, hazme tuya.

Y reacciona besando apasionadamente al joven Juan, quien era un ladrón y asesino de la ciudad de Coronalandia. La pasión por el peligro, por la carne y por el dinero sería su final para al princesa Nora Corazón.

Nadie sospecha que Maranda tiene un plan, que consiste en acabar con la vida de la reina Katrina, pero todo podría salir al revés. Es que esta tarde la reina bajó a los calabozos junto a su dama de compañía; y explícitamente ordenó la liberación de aquella criada, que hace quince años fue encerrada injustamente por maldad de Maranda.

En las afueras del Reino, Maranda había ido a los bosques en busca de unas hierbas venenosas y mortales.

Maranda: Mi hija, la princesa Nora Corazón, no a ella no, ella no morirá, tampoco perderá su título. Hice tanto de todo para que ella tuviera lo que yo no tuve; yo no permitiré que lo pierda todo tan fácilmente. No.

México. Ciudad de México.

La princesa había dado su presentación, pero cuando se marchó, a la salida de la calle accidentalmente tropezó con Jorge, a quien veía disfrazado de payaso.

Princesa: Ay perdón, no pude verlo.
Jorge: No, no por favor, no fue nada.
Princesa: Por favor, fue sólo un susto.
Jorge: No, por favor, para nada, si los sustos son así, me condeno a ser asustado por tu belleza de princesa ¡Ay perdón¡ Soy Jorge Ignacio Fonteviva.

Al escuchar el apellido de Jorge, la princesa sintió como un dolor de cabeza, se presionaba la cabeza con las manos. Es que su mente quiso jugarle los recuerdos que había perdido en el pasado.

La princesa escuchaba unas voces que le decían algo, pero no podía entenderlo con claridad; lo único que entendía era el apellido Fonteviva. Escuchaba los llantos de una mujer pero no los comprendía. Estaba como en un ataque al borde del llanto y dolores de cabeza continuos.

La joven casi lloraba de aquel dolor de cabeza que le daba y Jorge la subió a su carro, en el cual se la llevó a su mansión.

Poco después la princesa tuvo un desmayo, en la cama del dueño de la mansión donde estaba acostada. Jorge llamó a un médico para que atendiera a la joven cantante.

El doctor dijo algo que en Jorge provocó curiosidad, y es que el pasado estaba acercándose a la princesa nuevamente.

Doctor: ¿Es cierto lo que dicen? ¿Ella? ¡No lo puedo creer! Admito que odio a los chismosos de las revistas porque critican a cualquiera; pero esto es real y maravilloso.

Jorge: ¿Y qué dice todo mundo de ella?
Doctor: Hay una cosa que las hace ser exactas, como dos gotas de agua; es como si fueran gemelas o fuera ella misma.
Jorge: Por todos los cielos salga de su asombro y dígame algo ¿Con quién se parece?

Doctor: Esta joven artista es idéntica a la princesa Alondra Alcatraz Castilla, es la mismita, es la hija de los reyes de Coronalandia, un Reino remoto en el rincón del mundo.

Jorge: Alondra Alcatraz, un reino, reyes, princesa, no entiendo doctor, usted la confunde.

Doctor: Sí, el rey Armando Castilla y la reina Katrina Alondra Argüello de Castilla; ellos perdieron trágicamente a su hija —la princesa— eso fue hace algunos años. Sabes, la revista *People* en inglés publicó la fotografía de esta cantante junto con la de la difunta princesa Alondra Alcatraz, ellas aparecen juntas ahí.

Jorge: Sí, en verdad escuché mucho ese escándalo, de que el rey demandó a los dueños de esa revista.

Doctor: Ellas aparecen juntas en esas fotos de la revista, y se ven increíbles como dos gotas de agua; yo juraba que a esta joven le habían editado la foto, pero es real, no es falsa.

Jorge: Lo único que sé es que ella tiene algo

extraño, yo sólo le dije mi nombre completo y de pronto —así de la nada— se agarró la cabeza como si le fuera a estallar algún terrible dolor.

Doctor: Pero yo estoy asombrado de esto. Puede creerlo Fonteviva ¡Es bellísima!

Jorge: De eso no hay duda, parece un ángel dormido.

Doctor: No mienten las revistas.

Jorge: Ya está reaccionado, funcionó el Agua de Florida.

Princesa: ¿Dónde estoy?

Al despertar veía junto a ella a un príncipe de pie, un joven hombre alto, robusto, ojos azules, piel blanca, cabello negro. Era un joven muy atractivo, alguien que le estaba hablando con suavidad, un joven que también le veía flechado al corazón.

Jorge: ¿Cómo te sientes?
Princesa: Ay, yo estoy bien.

Doctor: Princesa ¿Tienes algún problema de salud?.

Princesa: ¡Sí! Uno que no he podido sanar desde hace quince años.

Doctor: Ah sí, dígame cuál es ese problema.

Princesa: No sé nada, todo se borró de mí, no sé.

Doctor: Eso quiere decir…

Princesa: Que no sé quién soy en realidad. Me llaman princesa porque una viejecita linda me encontró, y no supo más que darme ese nombre.

Doctor: En qué parte del mundo te encontró ella.

Princesa: No sé, no lo sé por Dios santo, ella murió al poco tiempo; últimamente sueño con personas que me hacen creer que las conozco, pero no puedo ver quiénes son esas personas.

Jorge: Pero cuando yo dije mi nombre y apellido, tú repentinamente llorabas y te presionabas tu cabeza, como si te hubiera hecho recordar algo.

Princesa: No sé, no me acuerdo de nada, no se qué paso, no sé, llevo quince años tratando de saber solamente quién soy y no lo consigo.

Doctor: ¿Te hace recordar algo el apellido Castilla? Lugares como un castillo o un bosque mágico.

Jorge: Oiga ¿Qué le pasa doctor? Está usted insinuando cosas.

Princesa: Castilla, Castilla, no, no para nada. Sí sé que la hija muerta de los reyes de Coronalandia es apellido Castilla.

Doctor: Y el nombre de Alondra Alcatraz Castilla ¿No le hace recordar nada?.

Princesa: Usted también está igual que los murmuradores de las revistas, quienes creen que yo soy o tengo algo que ver con esa gente. Como se imagina, no ve que yo soy una mujer sencilla, distinta; cómo voy a ser yo la hija de un rey, me causa risa su buen humor.

El tiempo comenzó a pasar de nuevo, Coronalandia se levantó con trabajo y esfuerzo. El rey Armando alimentaba a familias pobres, colaborando con recursos económicos para reconstruir las casas destruidas de toda la ciudad...

Los reyes recibían peticiones para las dotes de su hija, la princesa Nora Corazón; pero ella no quería casarse porque estaba a gusto divirtiéndose con su amante. Pero le decía a los reyes que ella no quería casarse porque deseaba estar con ellos para siempre, no quería dejarlos solos porque se sentía mal debido a la muerte de su hermana.

Mientras tanto Jorge y la princesa se conocían, se hicieron buenos amigos, se enamoraron y luego se hicieron novios. Compartían todo y de todo, asistían a grandes fiestas de caridad y ambos daban secretamente sus enormes donativos. Al poco tiempo se anunció la boda del año, la famosa princesa del Canto se casaba con el multimillonario empresario Jorge Ignacio Fonteviva. La boda se celebró en la famosísima Basílica de Guadalupe, en la ciudad de México. Millones de personas desde las clases más altas hasta las clases más bajas asistieron a la boda de la princesa y el joven Jorge. Al transcurso de los meses nació el primer descendiente del matrimonio, al que llamaron Armando Antonio

Fonteviva.

La popularidad creció tanto para la princesa que una revista llegó a manos de Sir Antonym, y lo que se aproximaba era una bomba de tiempo.

Coronalandia.

Un gran evento da paso al gran regreso de la felicidad para los reyes Castilla; pero antes deben cancelarse las cuentas del pasado y cerrar viejos capítulos como la maldad de Maranda y su esposo Usuu.

En la alcoba Maranda contempla la pócima que había creado, con la cual acabaría con la vida de la reina de Coronalandia.

Maranda: Infernal poción ahora cúmpleme tu misión, vas a morir reina, vas a morir para cederme a tu marido, para darme la oportunidad de ser la nueva reina, la soberana, la esposa del rey.

La bruja Chanais le contaría a Usuu que su hija

estaba viva, que no estaba muerta, un hecho que despertaría la furia de este hombre para acabar con los planes de su mujer Maranda; él será quien se delate para apagar tanta maldad de parte de su mujer.

Los calabozos.
Usuu: ¿Qué es lo que usted quiere hablar conmigo?
Chanais: Usuu, eres un buen hombre, un hombre engañado, un hombre al que su mujer hizo malo, ella te hizo hacerte malo.
Usuu: No fue ella, fue el rey Armando, él fue quien provocó la muerte de mi hija.
Chanais: Sí, a la que sepultaste viva —porque estaba viva— esa bebé vivía; esa fue la hija de los reyes, tu hija. Tu hija es esa grosera, esa fiera, orgullosa y prepotente, esa fierecita es tu hija y ésta vivía; se llama Nora Corazón y es el dolor de cabeza de los reyes, y la más mala de las mujeres jóvenes de este Reino.
Usuu: ¡Qué demonios dices mujer!

Chanais: A la bebé de los reyes le dimos a beber una pócima que la hizo ver como muerta, pero estaba viva, y tú la enterraste viva… Tu mujer cambió a las bebés, ya que casualmente dio a luz la misma noche que la reina Katrina. Estaba en trabajo de parto y te hizo creer que tu hija se murió por culpa de los reyes; los reyes nunca supieron eso, tampoco pusieron a tu mujer a realizar forzosos trabajos. Hasta donde sé tu mujer decía a carcajadas que lo único que hacía era dar órdenes. Cuando a ti te hizo creer que cargaba costales, baldes con agua, objetos pesados, todo eso eran mentiras inventadas por ella. Esa mujer quiso que su hija fuera de los reyes, sabía que a tu lado sólo tendrían carencias, no iban a pasar de sirvientas. Pero lo que ahora importa es otra cosa, debes evitar que mate a la reina. Es ahora o nunca. Ve, salva a la reina o tu mujer la matará.

Usuu: Sólo una pregunta, no digas nada por mis lágrimas, sólo respóndeme una maldita pregunta.

Chanais: Tranquilo, calma, decidme la pregunta.

Usuu: ¿Por qué quiere muerta a la reina Katrina?

Chanais: Quiere calentar las sábanas del rey para ser ella la siguiente reina, o más bien dicho la reina Maranda de Castilla.

La cólera de Usuu destapará los secretos más oscuros en él y en su mujer la perversa Maranda.

Mientras en la corte Sir Antonym estaba con el rey Armando y los organizadores de la fiesta.

Sir Antonym se reúne con los organizadores de la fiesta para prepararlo todo, el hada aparece nuevamente y le trae una esperanza al rey Armando… Aparece y desaparece sin hablar, el rey sólo alcanza a verla.

Sir Antonym vio una revista sobre la mesa, una revista que traían consigo los decoradores; al verla le dio curiosidad, la tomó entre sus manos y vio la portada. Ahí estaba una mujer y un hombre recién casados, el hombre por simple casualidad era su hijo hecho que él no reconoció.

Sir Antonym: Es ella.

El rey Armando que le escuchó añadió: ¿Quién es esa "ella" que dices?

Sir Antonym: Es idéntica.

El Rey Armando: Calma te ves pálido.

Sir Antonym: Es que es ella, es idéntica a…

El rey Armando: A mi hija Alondra Alcatraz.

Sir Antonym: Es igualita.

El rey Armando: Tengo curiosidad por la cantante, sí, porque la cantante se parece a mi hija muerta.

Curiosidad o llamado de sangre es lo que hará que la princesa asista al Reino de su padre, donde por azares de la vida será invitada a cantar.

Sir Antonym: Si lo pide, la hacemos venir hacia usted.

El rey Armando: Sir Antonym, lea el artículo que está impreso ahí.

Sir Antonym: Sí su majestad, el artículo dice: «La princesa del Canto, su sueño es conocer al

Papa Benedicto XVI, dice que después de viajar por el mundo lo que quiere es conocer al Sumo Pontífice y tener el honor de cantarle al rey Armando Castilla y a la reina Katrina de Castilla, reyes de Coronalandia...» Bueno mi rey, después no dice más que tonterías, cosas sin importancia.

El rey Armando: Así que ésos son los sueños de ella; bueno en nombre de mi difunta hija la princesa Alondra Alcatraz, lo haré... Haremos que venga aquí, le daremos el puesto de ser nuestra invitada de honor.

Sir Antonym: ¿Qué hará?

El rey Armando: Encuentra a toda la gente posible y busquen en cualquier ciudad a esa mujer, busquen a esa cantante. A cualquier precio la quiero aquí en las Bodas de Oro, la quiero aquí el sábado en mis 50 años de casado; ella es mi anfitriona, la quiero aquí, quiero recordarla por el parecido que tiene con mi difunta hija.

Sir Antonym: Su majestad, sus deseos son

órdenes.

El rey Armando: No me importa su música, me importa ella, por el simple hecho de ser la copia exacta de mi hija Alondra Alcatraz; debo hablar con ella, conocerla, saber de dónde proviene.

Sir Antonym: Ya sé que duele vivir esperando un milagro, pero su hija murió en aquel trágico accidente, no se encariñe con una desconocida que simplemente es la copia de su hija por destino.

El rey Armando: Déjame verla, conocerla y tratarla.

El rey Armando busca a toda la gente que le sirve, y se asegura que alguno de los súbditos, se encargue de hacerle llegar una invitación en persona a la princesa del Canto.

Al rey no le importó la música que cantaba ella, sino tratar a la joven mujer parecida a su supuesta hija muerta.

Mientras la reina Katrina está a punto de morir

envenenada a manos de Maranda. La reina estaba con su dama de compañía la señora Teresina y con ellas la malvada Maranda.

La reina Katrina intentaba tomar un poco de su té cuando sorpresivamente —en forma violenta entró Usuu— el esposo de Maranda, arruinándolo todo.

Usuu: Su majestad no debe, no beba ese té, no, no, no lo haga o morirá.
La reina Katrina: ¿Cómo?

La malvada Maranda estaba furiosa con su marido Usuu y lo veía con unos ojos mortales.

Usuu: El té está envenenado.
Maranda: ¿Qué? Pero si lo preparé yo misma, es imposible que alguien lo haya envenenado y menos yo.
La reina Katrina: Por favor cómo cree, no haga semejante broma.
Usuu: Tiene hierbas asesinas, las hierbas del

monte que está junto a la vieja torre de los brujos más malvados, es un té de hierbas mezclado con brujerías extrañas.

La reina Katrina: ¿Cómo es posible?

Usuu: Su majestad, mi mujer quiere matarla, es una perra traicionera. Sí es posible que el té esté envenenado viniendo de ti Maranda.

Maranda: Yo no ¡Ay por Dios! Es una broma de mi marido, se asustó su majestad, ¡jajaja! Mi esposo es muy humorístico.

Teresina: No puede ser, tan buena mujer y con artes oscuras.

Maranda: ¡Tú te callas!

Usuu: Mi reina, yo y mi esposa todos estos años hemos hecho de todo en su contra, también en contra del rey. Ahora estoy dispuesto de llevar a mi esposa frente a las autoridades del Reino, ahí júzguenos a los dos por igual.

Maranda: Maldito bastardo.

A la reina Katrina se le cae la taza de té al piso, Maranda intenta fugarse; pero al abrir la puerta de la alcoba un grupo de guardias están afuera frente a la entrada y no la dejan salir; Usuu la jalonea de los cabellos.

Usuu: ¡Ven acá maldita bruja! Me debes muchas explicaciones.
Maranda: Usuu, infeliz ¿Qué has hecho? El rey. ¡Dios mío! Qué asco, se van a dar cuenta de todo, por tu culpa miserable. Creíste que yo iba a ser la esposa de un pobre guardia de seguridad. Jamás; yo aspiro alto.

Llegan el rey Armando y Sir Antonym.
El rey Armando: Llévenlos a la plaza pública, allá serán juzgados y aclararán todo.

Maranda y su marido Usuu fueron llevados por los guardias al lugar donde les darían lo suyo, una ejecución de justicia.

Ciudad de México. México.
Curiosamente, la cantante y su esposo habían

comentado hace poco el parecido que había entre los apellidos de Jorge, y que también él decía que si no fuera porque creció en un orfanato él sería el hijo de los Fonteviva. «Yo diría que soy hijo de ese Sir Antonym Fonteviva». Entonces dice Jorge: «Un señor como él nunca regalaría a un hijo»; pero lo que menos cree es que sí es ese hijo y que fue robado. Jorge no sospechaba que él era hijo del mejor amigo y confidente del rey, tampoco se imaginaba ser el esposo de la hija de unos reyes.

Y por otra parte ella, la princesa ha comenzado a recordar cosas borrosas, cosas del pasado, donde sólo ve caras y caras, pero no las recuerda muy bien… Lo que sí es un hecho que las caras que alcanza a ver, son las caras de sus padres y su hermana Nora Corazón.

La princesa arrullaba en brazos a su hijo, mientras se le cruzaba por la mente la imagen de una mujer vestida elegantemente, una mujer que sin duda alguna era muy parecida a ella.

Entra Jorge.

Jorge: ¡Hola amor!

Princesa: Amor ¿Sucede algo?

Jorge: Tengo miedo.

Princesa: Miedo, miedo ¿Miedo tú payasito feliz?

Jorge: Miedo a que cuando recuerdes todo pertenezcas a una familia de alcurnia y no me acepten por haberme criado en un orfanato; tengo miedo a lo que se pueda avecinar, los payasos también solemos tener nuestros miedos.

Princesa: Escúchame payaso hermoso y miedoso, tú eres el príncipe de mi vida, eres mi payaso bello, el padre de mi hijo, mi gran amor, el dueño de mi corazón. Un payaso de corazón rojo como tú no lo cambio ni por todo el oro del mundo, soy tan feliz contigo que todo lo dejaría por seguirte, no te irás nunca de mi lado. El destino escribió que fueras para mí y yo para ti; por tu amor viviré y por tu amor cada instante viviré y sentiré; por tu amor es que estoy viva y no pienso dejar jamás que en esta vida nos separe el destino, porque te amo.

Jorge: Lo siento, siento que en cualquier momento vas a recordarlo todo; últimamente se te vienen muchos recuerdos juntos, se vienen muchas imágenes a tu mente.

Princesa: No muy claras, además si en más de quince años no he recordado nada, ahora estaría en manos del destino que eso pase; no te preocupes vida mía, tú sabes bien que en años de lucha por recuperar mi memoria, no lo he podido conseguir. Ya no lo conseguiré y aunque lo consiguiera soy tuya y tú eres mío, ya tenemos una familia hecha, simplemente tú y yo nos pertenecemos.

Jorge: ¡Te amo!

Princesa: No más que yo.

Jorge besaba a su esposa y a su hijo, los tres como una linda familia que eran se amaban mutuamente.

Coronalandia.

Usuu confesó todo ante los habitantes de la ciudad, destapando todas las maldades llevadas a cabo por ellos.

Sir Antonym: Ciudadanos de Coronalandia tenemos un caso muy grave, hemos encontrado entre los habitantes de Coronalandia —dentro del Reino y bajo el techo de palacio— a dos malhechores que van a confesar todo lo que han hecho en todos estos años. Van a contarnos todas sus fechorías, y en nombre de Coronalandia sabremos darles la merecida justicia.

El Rey Armando: Tiene la palabra el guardia Usuu Sultán; pero antes recuerden habitantes que juzgaremos a este hombre debidamente y con un poco de clemencia, por haber tomado la decisión de entregarse junto a su señora esposa.

Usuu: Todo comenzó con la envidia por los puestos de ser confidentes de los reyes hace treinta y tres años. Sir Antonym Fonteviva y su señora Teresina de Fonteviva tuvieron un hijo al que adoraban y llamaron Jorge Ignacio Fonteviva Rioja. Mi esposa propuso debilitar a los Fonteviva dividiéndolos, haciéndolos sufrir, pelearse, culpándose entre sí por la desaparición del bebé. El punto débil fue el bebé; a quien se robó mi esposa una vez que le dio a beber una pócima para dormir a la señora Teresina Rioja de Fonteviva. Luego de beberse la pócima se durmió con rapidez y luchando por no dormirse se quedó sin poderlo evitar; ahí aprovechó mi esposa y se robó al niño sin ser vista, y me lo entregó a mí envuelto en una canasta con hojas de árboles. Lo llevé fuera de Coronalandia donde había un orfanato y ahí lo abandoné. Nosotros les robamos a su hijo.

Sir Antonym: No, no puede ser, malditos, no pudieron miserables ratas.

Teresina: Mi hijo, mi bebé ¿Dónde lo dejaste? ¿Dónde?

Usuu: Muy lejos de Coronalandia; a la salida de la ciudad hay un viejo orfanato, ahí lo dejé en el patio en una canasta y no supe más de él. Lo que sí sé es que ahí hace algunos años —para ser exactos hace como cinco años— se clausuró ese hospicio, porque un ex joven recluido ahí demandó a la encargada del orfanato, por el maltrato que recibían todos los niños.

Teresina: ¡Ay no! ¿Cuánto habrá sufrido mi hijo en manos de una bruja como esa mujer?

Maranda: ¡Jajaja! Mucho, sufrió mucho, sé muy bien que a tu hijo le daban unas palizas que ni te las imaginas, lo maltrataban cruelmente; sabes cómo lo se, muy fácil porque yo pagaba a esa bruja para que maltratara a tu hijo. Pero malo, malo, una familia extranjera adoptó a tu hijito.

Sir Antonym: Bruja, pagarás por esto y vas a lamentarlo.

Maranda: Y tú esposo mío, traidor, maldito, poca cosa, te odio.

Los ciudadanos estaban impresionados al escuchar las terribles maldades que se habían hecho adentro del palacio; es que ahí había sucedido la peor guerra.

Usuu: Con el robo del bebé no pasó nada; Sir Antonym sigue en su puesto y yo en el mío, la señora de Fonteviva sigue en su mismo lugar de trabajo. Entonces a las primaveras siguientes se anunció la llegada del nacimiento de la princesa Alondra Alcatraz, la cual al nacer fue hechizada; algo que estaba escrito que pasaría pasó. Pero con la ayuda de mi señora esposa y yo, sí, juntos conseguimos a una joven que se hizo pasar por una princesa de su misma edad, a quien Maranda instruyó para sacarla del palacio; en ese accidente falleció la princesa, todo por culpa nuestra. Debilitamos a los reyes ¿Por qué? Ah bueno, el por qué mejor que se lo diga ella: mi gran mujer.

Maranda: Porque por su culpa mi hija murió.

Los ciudadanos de Coronalandia estaban anonadados con tanta porquería que salía de dos seres malvados solamente.

Usuu: No, no es cierto eso, no le crean, su hija, mi hija, mi hija ésta vivía; siempre ha estado en mis narices, tratándome con el pie y siendo mi hija. Ella me dio a la hija verdadera de los reyes, a la cual le dio una pócima para hacerla pasar por muerta. Yo enterré a la bebé viva sin saberlo ¿Y saben qué hizo? Saben, les dio mi hija a los reyes Castilla, les dio a nuestra hija; me engañó todos estos años, mi hija quien ahora lleva el título de princesa Nora Corazón Castilla, esa doncella es mi hija.

Maranda: Inconsciente ¿Cómo has delatado a tu propia hija? Maldito perro, en fin sí es cierto todo; lo hice porque quería ser dama de compañía de la reina Katrina. Luego dije que quise ser la reina Maranda; por qué conformarme con ser una perra fiel sí había hasta matado; por qué no matar otra vez por ser la próxima reina. Todo hubiera salido bien si no es por la estupidez de este insensato mal hombre; quería verme como ella, llena de lujos, belleza y riquezas, ser adorada, venerada, respetada y muy complacida. Por eso hice que mi hija sí lo tuviera todo. lo que yo no tuve, ¡jajaja! Cuánto me alegra que tu hija esté muerta, ha de estar en los infiernos, ardiendo ¡Ay tus hijas! Porque las dos están muertas y por mi mano, tu hija era un princesa inmadura, pensó que sobreviviría fuera de su Reino, en un mundo lleno de pirañas perversas, ¡jajaja! Cuánto me divertí viendo a los Fonteviva llorando, peleando y culpándose el uno al otro por la desaparición de su bastardito; me divertí viendo llorar a los reyes, los cuatro parecían una manada de estúpidos.

El rey se puso de pie.
El rey Armando: Ciudadanos de Coronalandia en nombre de vuestra ciudad pongo por castigo el destierro para Maranda de Sultán y al señor Usuu Sultán, debemos darle el castigo ejemplar también.

Todos los ciudadanos estaban molestos, aceptaron la decisión del rey, todos querían ejecutarlos a ambos pero el rey había dado su veredicto.

La reina Katrina: En menos de veinticuatro horas deberán partir lejos de Coronalandia, si son vistos por acá, no se responderá por la justicia que los ciudadanos tomen contra ustedes.

Maranda se preparaba para matar a la reina con un mortal conjuro, al que se interpuso Usuu dando su vida por la reina Katrina.

Maranda: Te callaré la boca reina, miserable, tal vez un hechizo malévolo acabe con tu horrenda vida.

Sus manos comenzaron a echar rayos y con la punta del dedo apuntó un rayo directo al corazón de la reina Katrina, al que se interpuso Usuu, quien lo recibió directo a su corazón. Fue ahí donde falleció a manos de su mujer, a quien él tanto amó y ayudó en sus maldades.

> Maranda: Incompetente, nunca hiciste algo verdaderamente valioso, eres un metiche, volveré, volveré reyes Castilla, se los juro que mi venganza va a empezar, los voy hacer pedazos, ¡jajaja!
> El rey Armando: Guardias arresten a esa mujer.
> Maranda: Si pueden.

Los guardias intentaron apresarla, pero Maranda desapareció como si nada, al parecer el mal podría llegar a su fin o volver al comienzo.

Un gran evento se prepara para los reyes por sus Bodas de Oro, un impactante momento devuelve la sonrisa de muchos así como se las devuelve a los reyes Castilla.

Se anuncian oficialmente las Bodas de Oro, de los reyes de Coronalandia, el evento trasciende por todo el mundo. Se da a conocer el hecho manifestado por el rey, que quiere la participación de la estrella del momento, la mujer llamada princesa, la llamada por el mundo Dos Veces Princesa, la princesa del Canto.

Decían en el reino que la princesa Nora Corazón era egoísta, fría, cruel, celosa, vanidosa y ambiciosa; pero hoy ya Nora sabrá que su egoísmo se hizo de un mal sentimiento. Es que ningún hombre la busca más que su amante Juan, ya que a los príncipes las últimas veces los maltrataba, los corría y los insultaba.

La alcoba de la princesa Nora Corazón.

Juan sorprendió a Nora regañando a una criada, quien no vio a Juan que estaba escondido detrás de la cortina de las ventanas.

Nora: Eres una inútil, igual que todas las inútiles sirvientas de palacio, deberían encerrarte en el calabozo, inservible ¿Qué? ¿Por qué me miras así? Ay no, dramas no, no quiero verte llorar;

acaso se te olvida algo que no te largas, lárgate, muévete, vete, qué esperas inútil, no sirves para nada.

La criada: Sí, sí princesa con su permiso.

La criada salía, Nora cerraba la puerta de su alcoba, desde su escondite Juan salía al encuentro de su Nora, a quien intentó besar y ella le esquivó el beso.

Nora Corazón: No, no, no, yo soy la princesa y tú eres el gato, el ladrón, el villano; yo soy la princesa y éste es mi cuento y en mi cuento de hadas no dice que un gato, un asesino, o un ladrón sea mi príncipe. Tú solamente eres mi minuto de alegría y distracción, tú eres sólo eso, eres menos que las sobras de la sociedad. Eres el buscado, el asesino, el tachado; tú eres mi juguete más excitante, nada más que eso, no se te ocurra inventarte un final feliz para ti a mi lado.

Juan: ¡Tú! Tú la princesa te crees, tú te crees de

sangre azul, pobre de ti, me das risa.

Nora Corazón: Por supuesto que sí, yo soy de sangre azul, soy la princesa Nora Corazón Castilla Argüello, la hija menor de los reyes Castilla, y tú eres el hijo de la delincuencia.

Juan: No has oído lo que se dice por todo Coronalandia ¡Ay querida! Si de mí se habla mal, ahora de ti también.

Nora Corazón: ¿Y qué se dice? Si se puede saber cariño mío.

Juan: Actualízate corazón.

Nora Corazón estaba hablando con burla y sensualidad, sin sospechar que sus acciones son los hechos que escriben también su destino.

Nora: Ay Juan, mi amor, seguramente se dice que soy bella y que estoy exquisita, que excito a los hombres de sólo ser vista por ellos.

Juan: ¿De que te ríes?

Nora Corazón: De que seguramente eres un pobre tonto, sin educación que trae habladurías de mercado, para darme miedo a mí.

Juan: No, claro que no es así, esto es real, yo lo escuché de boca de quienes lo dijeron.

Nora Corazón: Habla ahora inútil o he de enviarte al calabozo.

Juan: ¡Tú! Por favor, a ti no te tengo miedo, tú no tienes esa capacidad.

Nora Corazón: De una princesa como yo, no te burlas, ahora he de llamar a los guardias, escucha, guardias, guardias.

A pronunciar con gritos un llamado a los guardias iba la princesa Nora, cuando se le bajaron los humos de grandeza, al escuchar la confesión del joven llamado Juan.

Juan: Eres la hija de la bruja, ex criada del palacio.

Nora: ¿Qué has dicho infeliz? Perdón, ese chiste es bastante estúpido.

Juan: Eres la hija de una bruja, de una mujer que se llama Maranda Sultán; ay querida, eres Nora

Corazón Sultán, no eres más Nora Corazón Castilla Argüello.

Nora: ¡Calla! No lo repitas, no te burles, no lo hagas, callas o te mato.

Juan: Ah, no que el asesino soy yo.

Nora Corazón: ¡Juan! No, oh, no por todos los cielos, mientes, yo soy una princesa, soy la princesa de Coronalandia ¿Verdad que sigo siendo la princesa, la que te encanta y siempre deseas hasta en tus sueños?

Juan: Y no sabes eso ¡Ay que pena! Mira princesita de los ratones, he aquí ¿Ves en esta revista? Es idéntica a ti, digo a la princesa, a la verdadera princesa que un día se fue de Coronalandia y un trágico accidente la mató, ella es la copia de la princesa Alondra Alcatraz.

Nora: Por piedad debes decirme que mientes, dímelo, dímelo, desgraciado, te burlas de mí; ay estúpido, estás disfrutando; maldita, ella se parece a ella, son iguales, esto es un mal sueño; ella viva, yo no soy su hermana, yo no soy más princesa.

Juan: Disfruto riéndome porque eres pobre como yo, y yo no te mentiría jamás con esto, yo te quiero y hoy eres digna de mí; eres una Doña Nadie, como dices que soy un Don Nadie, hoy estamos a iguales, somos Don y Doña Nadie.

Nora Corazón: Eso jamás, no, nunca, yo soy la hija de los reyes y tú eres el bandido de la ciudad.

Juan: No, nunca, nunca lo has sido ni lo serás, no me retes, la hija de los reyes; pobre, se cree la hija de los reyes.

Nora Corazón: ¡Cállate, cállate, cállate! Mi padre puede oírte, calla o llamo a los guardias, yo te acuso de haber venido a robar.

La princesa Nora debe aceptar al primero que venga a enamorarla con enormes tesoros y con amplias riquezas.

Juan: ¿Qué? ¿En qué piensas?
Nora: En que debo aceptar al primer príncipe que venga con tesoros y riquezas gigantescas. Debo

aceptar sus pretensiones y casarme con un rico heredero de tronos, con un hombre digno de mi educación de princesa; con un hombre que me bañe en joyas preciosas, que me dé todo, que me cumpla hasta el más mínimo de mis caprichos.

Juan: Ya te lo he dicho más de una vez, tú eres mía, sólo mía y de nadie más, si me entero de algo te mato, si te vas con otro mueres; yo no soy tu trapo que dejas de usar porque no te gusta más, yo te ofrezco todo eso. Además, al saber que tú no eres hija de los reyes, sino de una criada, ningún príncipe querrá esposarse contigo, a menos que un sapo sea tu príncipe.

Nora: ¿Quién te crees? Mira Juan, yo no nací para ser la mujer de un campesino delincuente, ni de un muerto de hambre y ladrón como tú. Tampoco seré la esposa de un pobre ladrón, nunca lo seré; primero muerta que perder la dignidad.

Juan: Y qué tal si les robamos los tesoros a tus padres y nos enriquecemos lejos de esta cochina ciudad.

Nora: Insolente.

Juan: Piensa; ellos no son tus padres, no heredarás ni un cabello de ellos.

México. Ciudad de México.

Mientras la joven cantante llamada Princesa tomaba un baño, su mente le jugaba pasajes de su fiesta de quince años. El principal de los pasajes era una mujer madura, vestida de un traje tallado en telas muy finas, dignos de la realeza, con joyas y un glamour único, que era como si esta mujer fuera una reina. Y es que eso sí era muy real, esa mujer era su madre a la que podía distinguir más claro que otros en la fiesta.

Princesa: Cielos ¿Quién es esa bella mujer?

Coronalandia.

En unas oscuras y tenebrosas cavernas se extendió un largo manto lleno de extrañas velas encendidas; una mujer está de espaldas frente a las velas, hablando con un ser al que no se le ve rostro y sólo se escucha su voz.

Maranda: ¡Oooh! Espíritus infernales pongan en mí el velo oscuro, para oscurecer las vidas de todos aquéllos que hoy están en el Reino riéndose por mi derrota, ¡jajaja!

De pronto aquella mujer que estaba de espaldas se veía poco a poco, y al vérsele el rostro era como ver el brillo de aquel fuego encendido de las velas. Ese brillo, ese fuego estaba dentro de sus ojos, de su cuerpo, que la hacía brillar y relumbrar con maldad sus manos, entre los cinco dedos tenía rayos eléctricos.

Maranda: Así que una vez más has puesto en mí la oportunidad de hacer infelices a los reyes, ¡jajaja! La fiesta, claro debo asistir a esa fiesta.

Al parecer la bruja se invitó sola a la fiesta y podría llegar a colarse sin ser invitada.

Mientras en el palacio de Coronalandia comienzan a gritar con alegría y paz la felicidad, sin sospechar que en las montañas bajo una oscura caverna el mal también ríe, y se aviva con un plan tan malvado.

Por otra parte mensajeros del rey hacen fiesta con la ciudad de Coronalandia, ya que anuncian públicamente que toda la ciudad está invitada al gran evento de las Bodas de Oro, que celebran los reyes Castilla Argüello.

Mientras los encargados de distraer a los reyes —que estaban junto a los Fonteviva— los distraían con sus bailes y mímicos, los animadores terminaron de alegrar a los reyes y la princesa Nora Corazón llegó custodiada por los guardias.

La reina Katrina: Pueden retirarse.

Entra la princesa y los dos guardias.

Nora Corazón: Padre, qué ingratitud causa que dos guardias me persigan de un lado para otro.

El rey Armando: Nora.

Nora Corazón: Padre, es verdad, es cierto que yo soy la… no sé, no soy una princesa.

El rey, la reina y los Fonteviva se veían las caras entre sí.

El rey Armando: Sí, en verdad tu madre se llama Maranda de Sultán, y tu padre fue Usuu Sultán.

Nora: Mis padres, un guardia y una criada bruja, por Dios ¿Qué clase de padres me dio a mí?

La reina Katrina: ¡Hija, hijita, hija mía!

El rey Armando: Desde hoy hija, digo señorita. Nora Corazón, pierdes tu título de princesa; ese título queda fuera de ti, hoy eres una jovencita más en el Reino.

Nora: ¿Por qué? ¿Por qué padre mío?

La reina Katrina: No serás una criada, por tus estudios ocuparás un puesto más alto, más elevado al de una criada, tendrás tu propio salario de acuerdo a tu empleo.

Nora: Sí, yo sé que sí pagarán por esto, ¡jajaja! Si

río y lloro es porque todo se me acabó.

El rey Armando: Espera, aún hay algo que puedo hacer por ti.

Nora: ¿Qué? Echarme del palacio con ayuda de tus guardias, mandarme a la horca por culpa de los padres que tuve.

El rey Armando: Hija, voy a concederte que te cases con un príncipe heredero, llevarás el título de hija nuestra, serás una Castilla Argüello.

La reina Katrina: Tu padre y yo esta tarde hablaremos con Link de Scarlet, príncipe de San Juan Gualárea.

Nora: Sí ¿Qué reino es ése?

El rey Armando: Uno bastante retirado del nuestro.

Nora: Está bien, voy a desocupar mi alcoba.

El rey Armando: Acompáñenla.

México. Ciudad de México.

Princesa y su esposo Jorge reciben la visita en persona proveniente del castillo real de

Coronalandia.

En la mansión del señor Jorge sonaba el timbre, Princesa se aproximó y al abrir la puerta, nuevamente abrió la puerta al pasado, y al ver a un hombre del pasado le abrió su mente a los recuerdos de la infancia.

Princesa: Buen…

Y tal como se quedó sin aire y sin voz, así se quedó el mensajero, un hecho que en princesa por su mente la llevó a un viejo viaje, donde veía la infancia de una niña con una mujer que la cargaba en sus brazos. Veía a ese mensajero que estaba entrenando con espadas junto a otro hombre joven y buen mozo, muy parecido, un hombre que no parecía mensajero; sólo que Princesa no supo ver que a quien veía era a su padre entrenando con el que ahora le trae un mensaje, y la mujer con la bebé era su madre que la cargaba a ella.

Por su parte el mensajero recordó la imagen que hace quince años atrás vio en la reina Katrina, y hoy el parecido de esta mujer era muy similar al del pasado de la reina, era como si fueran madre e hija según pensaba el mensajero.

Mensajero: Eres igual que ella.
Princesa: Yo, yo… yo te he visto, tú con una espada, un hombre, una mujer, una niña; yo te conozco pero ¿De dónde?

Llega Jorge con el bebé en brazos.
Otro impacto para el mensajero —quien recordaba al Sir Antonym de hace quince años— fue que hoy Jorge se reflejaba en lo que su padre fue en esa época.

Mensajero: No, no puede ser verdad, debo estar mareado del viaje, no pueden ser dos, los dos…
Jorge: ¿Los dos qué? ¿Qué con los dos nosotros?
Mensajero: Perdón, discúlpenme, traigo un mensaje de los reyes Don Armando Castilla y Doña Katrina Argüello de Castilla.
Jorge: ¡Para!

Mensajero: Los reyes envían esta cordial invitación para ustedes dos.

Jorge: Es una invitación para las Bodas de Oro de los reyes de Coronalandia, que tú mi princesa, cantes para ellos, eso quieren.

Princesa: ¡Yo!

Jorge: Sí, así es mi vida; tú, tú misma.

Mensajero: ¡Sí! He de esperar su respuesta, antes de marcharme de esta ciudad.

Jorge: Sí, ella no tiene algún problema todo se sabe positivo, de ella depende, es mi esposa, no mi esclava, si ella quiere puede ir.

Princesa: En efecto, sí, iremos los tres, mi señor esposo, mi hijo y yo.

Mensajero: Pues en dos semanas, un coche vendrá a recogerlos desde Coronalandia; claro, antes deben ir y tomar el barco que viaja al puerto de Golondrinas Doradas, donde viajarán cuatro horas por agua.

Jorge: Perfecto.

Los días pasaron volando. Faltaba poco para el

magno evento de las Bodas de Oro de los reyes Castilla, y Princesa no hallaba vestiduras que estuvieran a la altura de los reyes Castilla; por lo que optó por usar algo que en su mente viajaba siempre.

Por cosas del destino tenía una imagen borrosa de una mujer preciosa, vestida de alto linaje el cual ella no sabía que era su madre. Pero con esos recuerdos borrosos logró junto a su diseñador hacer un vestido exacto al que usó su madre el día de sus quince años. Era un vestido tallado con telas muy finas dignas de la realeza, vestido que ella mandó a hacer especialmente para esa fecha, ya que se aproximaba el evento y no conseguía algo diferente entre los diseñadores del momento.

Después de algunos días antes de la fiesta, princesa hablando con su esposo sobre la invitación al reino de Coronalandia, esto le decía.

Princesa: Amor he estado pensando que la invitación que nos han dado a tan elegante lugar, amerita que para mi presentación yo debería llevar un vestido de acuerdo a la ocasión, o sea digno de la realeza.

Jorge: Yo pienso que sí, imagino que a los reyes les dará mucho gusto verte actuando con un vestido elegante, especialmente diseñado por ti y por tu diseñador Franklin Marthua.

Princesa: Tienes razón, sabía que me ibas a apoyar, es más, permíteme que inmediatamente voy a llamar a Marthua.

La princesa lo llama por teléfono, horas más tarde pasó su diseñador.

Franklin Marthua visita a Princesa.

Marthua jamás imaginó que copió el diseño de una reina, jamás pensó que durante algunos años vistió a una cantante hija de los reyes, y sobre todo una princesa que se creía muerta por todos.

Cuando Franklin Marthua llegó a casa de Princesa, ella ya tenía un dibujo de un vestido que en sus recuerdos borrosos —sin ella saberlo— su madre la reina había usado la noche de la fiesta en la que ella cumplió quince años. Marthua chequea el diseño y ambos le hacen algunos arreglos, dándole unos cuantos retoques posmodernistas.

Marthua: ¡Qué lindo vestido! Parece ser de una reina.
Princesa: Sí, pero le faltan unos detalles, no sé, algo por aquí, por allá. A ver, sí, aquí mira; no sé algo como un toque más moderno.

Marthua con su ingenio logra terminar una réplica exacta de aquel vestido; pero le incluye los nuevos cambios a ese modelo de vestuario.

Princesa: ¡Oh Marthua! Es increíble, es exacto al vestido de mis borrosos recuerdos, es como si lo hubiese visto en realidad.
Marthua: Puede ser querida, tal vez lo viste en otra vida, hasta lo pudiste haber usado o de seguro lo usó tu madre.

Coronalandia.

Chanais trae el espíritu de los reyes a su alma nuevamente, con la reveladora verdad que les dice, trayéndoles con ello el espíritu también a los Fonteviva.

Chanais fue liberada de los calabozos y presentada ante los reyes, ya que ella lo pidió así.

La corte.

Los reyes y los esposos Fonteviva reciben a Chanais junto con tres guardias.

Chanais: Buen rey, buenos reyes, ofrezco mis disculpas, que no alcanzan a pagar el daño que he provocado erróneamente.
El rey Armando: Cuéntenos. ¿Por qué se disculpa?
Chanais: Hay cosas que pasaron y es mejor dejarlas enterradas; sé que el daño ya está hecho, daño que yo ayudé a causar, ahora les devolveré paz a sus almas.
El rey Armando: Aún no comprendo.
Chanais: Buen rey, este sábado será decretado

día de fiesta y lo llamarán «El sábado de la Dos Veces Princesa»... El corazón como un arma con todo volverá a retoñar con alegría. Este sábado será bendecido por todas las generaciones entre sus dos familias... Una joven del más allá volverá para decirles que rían. Y con ello para ti Sir Antonym, buen hombre, para ti también buena mujer, tú que has llorado cantaradas de lágrimas; les digo que su hijo vive, y volverá a ustedes hecho un hombre de bien y con él traerá su descendencia, un descendiente del amor.

Teresina: Mi hijo volverá, has oído buen esposo mío, mujer tú has dicho así, que mi hijo volverá.

Chanais: Sí, tu hijo volverá a ti, y en ti buen rey, no debiste ignorar lo que aquella resentida hada te dijo... Ahora yo sólo os digo, no olvides aquello que te dijo el hada Malicia: «Deberás reconocer el canto de amor de tu hija».

La reina Katrina: ¿En verdad eso va a pasar?

Chanais: Sí, y recuerde su majestad eso de que

sólo el canto reconocido, hará que llores y rías con deseo y felicidad.

Rey Armando: No, eso no puede ser, ella —el hada— mintió, mi hija murió hace años, sí murió.

Chanais: La historia de vuestra hija es la primera historia de amor donde una princesa se vuelve dos veces princesa, y recuérdate no sólo tu palabra es ley. Hay una palabra más ley que la tuya, una palabra que entre los reinos más ricos, hay un Reino al que ricos y pobres viajan y se quedan a vivir en él; y ése es el de arriba, arriba donde vive el dueño del Reino más grande. Tu Reino es simplemente tu trono, tu castillo, tu ley, tu ley no es una ley inquebrantable. Por eso, por tu soberano orgullo ella —el hada— no quiso quitarle el hechizo a tu hija, cuando pudo quitárselo al celebrar sus quince años; así que ni digas que sólo tus palabras son ley. Ley es sólo la palabra de arriba, porque es el Reino Mayor de todos los reinos existentes sobre este mundo, el Reino que manda y gobierna por encima de cualquier otro reino.

Rey Armando: Ya sé que mi ego es enorme, debí ser humilde, debí tratar de dar bondad, debí no ser tan apegado a las leyes terrenales. Chanais, en nombre de esa dicha que has traído te devuelvo tu libertad.

Reina Katrina: No temes a ser engañado.

Rey Armando: Confío en la palabra de ella y no sólo eso, hay algo que me hace creer que nuestra hija existe y volverá, y todo cuanto ella ha dicho es real. Las apariciones del hada Malicia, sólo eran conmigo, y yo no se las dije más que a Sir Antonym, y él no se lo dijo, así que creo en ella.

Chanais: Su majestad, yo no tengo a dónde ir, me gustaría quedarme, seré tu adivina personal, no sé, que me consultes las dudas que desees conocer a futuro.

Rey Armando: Está bien, guardias retírense.

Sir Antonym: Mujer ¿Cómo he de pagarte esa paz que nos has traído a mi esposa y a mí?

Chanais: Yo siempre he dicho que hay cosas en la vida que no tienen precio, y no tiene precio verles esos rostros radiantes y felices como nunca se habían visto.

Teresina: Mil veces beso tus manos benditas mujer, agradezco a Dios por tu infinita sabiduría que me ha devuelto mi alma y mi espíritu.

La alcoba de la princesa Nora Corazón.

La princesa Nora Corazón y el criminal Juan planifican el robo del siglo, un robo que quizá no llegará a surtir efecto porque los eventos que están por suceder lo cambiarán todo.

La princesa Nora Corazón sigue satisfaciendo sus desenfrenadas pasiones, y el jugar doble podría tener un precio demasiado alto.

La princesa Nora Corazón estaba en la cama con su amante Juan, cuando de pronto el rey Armando llegó a su alcoba, para informarle algo que por pesquisas Juan podría llegar a escuchar.

Nora: Vete, vete, es papá, vete; ahora voy padre mío.

Juan: Vuelvo, vuelvo por la noche.

Poco después Nora Corazón atendió a su padre y hablarán sin darse cuenta que aún estaba oculto el joven Juan, quien escuchó los planes de Nora.

Nora: Padre mío ¿A qué has venido hasta mi alcoba?

Rey Armando: A decirte que el príncipe Link de Scarlet vendrá a pedir tu mano para casarse contigo.

Nora: ¿Y es rico?

Rey Armando: En efecto es uno de los príncipes más acaudalados del mundo, por eso acepté casarte con él, para asegurarte buen futuro.

Nora: Padre mío, debo todo a tu infinita bondad, mil gracias padre.

Rey Armando: Serás su pareja para el baile de este sábado.

Nora: Con todo el placer bailaré con mi futuro

esposo, con mi amo y señor.
Rey Armando: Me retiro, descansa hija querida.
Nora: Pase padre mío.

Cuando el rey Armando se marchó la joven princesa se sonreía, sin imaginar que las piezas del ajedrez estaban movidas pero en su contra, por traicionar a su amante.

La malvada princesa se puso en evidencia muy sola.

Nora: Ya es hora Nora, ya es hora de que veas tu realidad, haz lo que tengas que hacer por ti, con un asesino y ladrón no te espera nada de nada. En cambio con un príncipe sí; sí tengo mucho y mucho futuro rodeada de lujos y comodidades, a los que ya estoy acostumbrada.

Así pasaron varias puestas de alba y varios nuevos amaneceres; también el gran día llegó, la fiesta de los reyes era un hecho.

Jorge junto con su familia viajó a través del

agua en un barco rumbo al puerto de Golondrinas Doradas.

Princesa iba distraída, viendo hacia el horizonte, su esposo la veía como ida de la realidad, por lo que optó por acercarse a ella, cargando en brazos al bebé.

Jorge: No temas, te amo, te quiero; te quiero con toda mi alma princesa, princesa mía, yo te amo; "y yo a ti también te amo mami 'pichocha', yo tu hijito lindo".

Princesa: ¡Gracias! Gracias a los dos, eres especial, lo sabías Jorge.

Jorge: A ver, a ver, cosita mágica, si soy especial como lo eres tú para mí —digo para nosotros verdad mi amor— todos y cada uno de los seres humanos que te conocemos, te admiramos y te amamos.

Princesa: Tengo miedo, hoy soy yo la que temo.

Jorge: ¿Miedo a qué?

Princesa: Siento que nuestras vidas ya no volverán a ser las mismas de antes, todo cambiará.

Jorge: Mi amor, pase lo que pase yo te amaré hasta el final; porque sin la luz de tus ojos seré como un ciego que no ve nada, y sin tu presencia no me importarán las horas ni los días. Pero como sé que Dios me dio una princesa muy linda, no me la va a quitar, porque nuestro amor está bendecido por su gracia.

Princesa: Jorge, eres maravilloso, eres el príncipe real más bello que la vida me ha dado, sí el mejor príncipe que la vida ha podido concederle a una princesa; ese príncipe eres tú mi amor, me siento feliz, dichosa, agraciada por ser tuya y tú mío.

Coronalandia.

Hoy la ciudad entera amaneció de fiesta, con quemas de pólvora, carrozas que desfilaban con presentaciones felicitando a los reyes, llevando obsequios a los amados reyes de su tierra, felicitándolos en la corte; otros alegrando a los reyes con mimos, payasadas y bailes divertidos.

Princesa y su familia bajaron del barco y fueron custodiados a un coche enviado por los mismos reyes de Coronalandia.

Las ruinas de la vieja Torre de Santick.

La malvada bruja visita las ruinas de la vieja Torre de Santick, una torre histórica donde los reyes antepasados quemaron a un grupo de brujos perversos, quienes se dedicaban a hacer sólo el mal.

Maranda se había encargado de poner un raro altar lleno de velas y espantosos espectros, en medio de las velas había un círculo con una canasta vacía, era una canasta como esas donde se guardaban frutas.

Maranda: La hora ha llegado, ahora nadie sabrá que soy la misma Maranda viuda de Sultán, ahora para todos seré la fina señora condesa Isabela Montego Standard, ¡jajaja! Ya está escrito mis reyes, ya está escrito que nunca,

nunca serán felices, ¡jajaja! Mientras yo esté viva.

La maldad de Maranda era tan intensa como tan extraña, y de inusual manera la magia negra le ayudó a convertirse en una mujer fina, irreconocible, en una mujer llamada condesa de Montego Standard.

Mientras el coche viajaba y Princesa cruzaba por donde aquella vez ocurrió el accidente, que la hizo morir para los suyos, y vivir para alegrar a otro mundo.

Princesa no pudo recordar nada de lo que pasó porque su mente estaba llena de nervios, miedos y preocupaciones, por presentimientos a que su vida cambiaría rotundamente.

Horas más tarde.
Bienvenidos a Coronalandia.
Después que la invitan, ella llega al castillo con el esposo Jorge y el hijo Armando Antonio; los reyes le dan un recibimiento inolvidable. Entonces

primero le muestran la alcoba donde estarán ella y su familia, ella entra a la alcoba, se cambia con un vestuario más cómodo y luego le ofrecen bocadillos. Pasan unas horas después para ella hacer ya su presentación, luego después de esas horas la llaman porque ya es el momento de presentar sus números musicales para los reyes

En la corte, el mundo se ha dado cita a felicitar a los reyes y a ver en vivo a la que todos comparan con la princesa Alondra Alcatraz, la hija muerta de los reyes.

La alcoba de Nora Corazón.

La joven princesa Nora Corazón salió de la alcoba y al salir pudo ver a la verdadera princesa, y asustada se volvió a su alcoba, pálida de ver viva a su casi hermana.

Nora: Maldita sea, es ella, está viva, la maldita princesa Alondra Alcatraz, está viva, no puede ser, no, maldita ¿Cómo pudo salvarse?

La joven princesa tomó una daga que tenía en un joyero, la acarició con sus manos y la veía con mucha avidez y odio.

Nora: Tú me vas a servir, lo puedo oler, esta noche estará candente, huele a peligro, siento sabor a sangre, tú vas a bañarte de sangre, ¡jajaja! No vas a salvarte de dos, no lo creo, ¡jajaja!

Muy astutamente se levantó aquel enorme vestido y entre sus piernas —con una cinta— se amarró la daga envainada, y su plan podría ser acabar una vez más con la princesa.

Nora: Así que te llaman Dos Veces Princesa, por qué no llamarte ahora la Dos Veces Muerta, ¡jajaja! Si la maldita bruja no hizo nada por impedir que tú volvieras yo sí, y te voy a dar el título de Dos Veces Muerta ¡Huy hermanita! Ay, o si no es mi hermana ¡Huy princesa¡ He oído decir que estas dagas hieren terriblemente,

¡jajaja!

La malvada princesa medio abrió la puerta y se quedaba viendo hacia la alcoba donde estaba la cantante, y con la misma cerraba la puerta y se quedaba recostada sobre la misma hablando sola.

Nora: Ni modo hay que protegerse, sí, mi papito dice hay que estar protegidos y yo ya estoy protegida, ¡jajaja!

Minutos más tarde.
La princesa Nora Corazón estaba en el salón de bailes, tomada del brazo del príncipe Link de Scarlet, todo el mundo esperaba a la princesa del Canto, para animar a los reyes; la felicidad, la desesperación y los minutos contaban en los momentos más hermosos para todos.

Llega el momento, una persona especial se acerca a su alcoba y le da el aviso para que haga su entrada: señora Princesa han anunciado su entrada a la corte, es el momento de su presentación para los reyes.

Ella se viste con aquel hermoso vestido el cual nadie aún ha visto, su esposo y su hijo ya estaban en la corte cerca del rey. Sir Antonym lo mira con nerviosismo y con curiosidad, como si algo en ese muchacho le pareciera familiar. Mientras tanto Teresina —la esposa de Sir Antonym— con ternura a Jorge y al bebé miraba y se decía en su mente: «Este muchacho podría ser mi hijo y el pequeño bebé podría ser mi nieto». Suspiraba y la reina le comentaba en voz baja.

La reina Katrina: Pero mujer qué son esos suspiros tuyos.
Teresina: Nada mi reina, sólo pensaba, sólo pensaba.

De pronto con bombos, platillos y trompetas anuncian la entrada triunfal de la famosa Princesa.

El maestro de ceremonias: Rey Armando y reina

Katrina, damas y caballeros, todos los presentes ahora con ustedes y para celebrar las Bodas de Oro de nuestros amados reyes, con ustedes la princesa, la única, la bella Princesa del Canto.

Todos los que estaban en el salón se pusieron de pie, con aplausos y emoción dieron la entrada a aquella mujer que caminaba con paso lento y educado, digno de una princesa se acercaba frente a los reyes para cantar.

En ese momento los reyes se quedan mudos por la admiración de ver a la princesa de tal parecido con la reina, y utilizando ese vestido que la reina nunca usó más, sólo en aquella noche cuando celebraban los quince años de su difunta hija.

La princesa termina su presentación mientras el rey y la reina la admiraban silenciosamente, no se comentaba nada el uno al otro, más bien pensaban en su hija y en el parecido de esta nueva muchacha.

Cuando Princesa estaba dispuesta a atender a su esposo y a su hijo, el rey y la reina le aplauden;

mientras la princesa se iba acercando más a su esposo y a su hijo, mira sobre la cabeza del rey y ve un retrato grande de ella misma, cuando tenía quince años. Su mente se confunde y comienza a escuchar voces; entre aplausos y emociones ella decae sobre un asiento y sus recuerdos comienzan a regresar en ese momento. Ella comienza a cantar una canción que sólo su padre conocía, ya que él se la había escrito desde que ella estaba en la cuna. Su padre recordó las palabras dichas por el hada: «Deberéis reconocer el canto de vuestra hija».

Mientras el esposo la atiende y le pregunta qué le sucedía, todo el mundo armó un alboroto y muchos se acercaron para auxiliar a la cantante.

Jorge: ¿Estás bien? ¿Qué sucede amor? Háblame, pareces ida, háblame ¿Por qué no me contestas?

Alguien toma al niño mientras él atiende a su mujer. Nadie sospecha que quien toma el niño es la perversa bruja Maranda, quien finge ser otra mujer.

Ella comienza a cantar el canto que sólo el rey conoce, lo que sorprende a él mismo, quien se dirige apresurado hacia la princesa y continúa el canto junto con ella. En ese momento todos en el salón enmudecen, ellos terminan el canto y la princesa abre sus brazos, se lanza hacía él y le llama: «¡Padre mío!».

La reina Katrina se pone de pie y se dirige hacia su hija, cuando al mismo tiempo aparece aquella hada y les dice con voz audible para todos los que estaban en el salón.

El hada Malicia: Ha terminado la sentencia y desde hoy este Reino no sufrirá más, no más por mi culpa.

El hada madrina se desaparece liberando a los reyes de sus penas y dándoles el anuncio de la dicha.

Todo el mundo aplaudió la felicidad tan intensa de los reyes Castilla, una felicidad que estaba opacada.

Momentos después.

La felicidad de los reyes era tan inmensa que lo que se les ocurrió fue despedir a los invitados y hablar en privado con su hija, el esposo de su hija y los confidentes Fonteviva.

Rey Armando: Que se vayan todos, ordeno que atendáis la despedida de los invitados, mientras nuestra hija y los suyos hablaremos en privado.

Y todo mundo obedece la palabra del rey, poco después se reúnen los reyes en un salón privado con la princesa y Jorge, lugar donde descubren todo: que ella sí es la verdadera Alondra Alcatraz Castilla.

Salón privado.

Reunidos los reyes Castilla, Sir Fonteviva y su esposa, la princesa Alondra y su esposo Jorge.

Rey Armando: La canción, el canto…

Jorge: ¿Qué canción?

Sir Antonym: Porque el canto es el mismo canto que su majestad escribió, es letra y música original de él; prácticamente es un canto especial para su hija la princesa Alondra Alcatraz. Se lo cantaba cuando estaba de cuna, la escribió, cuando temía que el hechizo fuera real. Y se hizo real.

Entra la adivina Chanais.

Chanais: Su majestad, ciertamente es el canto, ese canto era, sí, lo reconociste.

El rey empezó a derramar lágrimas de felicidad, una felicidad que podía concluir con un final no esperado para ellos.

Rey Armando: Vuestra hija ha vuelto, tú eres una mujer sabia, has dicho lo correcto, este día es de gloria, de paz, de amor, es de dicha, día de fiesta.

Los reyes no cabían de felicidad besando y abrazando a su querida hija, que había vuelto con mucha alegría.

Mientras la malvada Maranda con su hija, hablaban en secreto, en la alcoba de la joven ex princesa.

Maranda: Tú vas a permitir que todo esto sea sólo de ella, vas a permitirlo sin haber luchado, sin nada te vas a quedar; tú eres la más bella de las mujeres, la más inteligente, mátala.

Nora: ¡Calla, cállate! Yo soy la más bella, yo soy la única, la verdadera princesa.

Maranda: Te imaginas a la hija de un rey cantando para un mundo de hombres abusivos, tú eres mejor que ella, tú sí sabes ser una princesa; ella vive como los demás corrientes, no sabe vivir como una digna princesa.

Nora: Tú estás loca, yo no, yo no quiero verte, no quiero oírte, yo soy la mejor. Sí, yo soy esa princesa, pero soy hija de una bruja como tú.

Maranda: ¡Ya, calla y escucha! Nadie sabe que yo estoy aquí.

Nora: ¡Tú, calla, cállate! De lo contrario te enviaré al calabozo y mira que papá, digo el rey, no sabe que estás acá, tú fuiste desterrada hace muchos días.

Mientras Sir Antonym y su esposa, la señora Teresina de Fonteviva, estaban admirando a su hijo, lo veían muy de frente. Justo en ese momento le miraban el medallón que un día le habían obsequiado cuando era un bebé. Sir Antonym se acercaba a Jorge y le decía algo que descubre su parentesco.

Sir Antonym: ¿Por qué tienes mi mismo apellido?

La princesa al escuchar aquello se acerca a su esposo y lo abraza, diciéndole que por eso es que a ella le resonaba ese apellido.

Princesa Alondra Alcatraz: Sí, claro, ahora entiendo.

Jorge: ¿Qué entiende princesa?

Princesa Alondra: ¡Perdón! ¿Estás molesto?

Jorge: No, digo no su majestad y dígame ¿Qué entiende ahora?

Princesa: Con razón cuando te conocí, aquella primera vez y me diste tu apellido, me resonaba tanto en mi mente, y es que eras el hijo de los mejores amigos de mis padres.

Jorge: ¿Qué?

Princesa: Él se llama Jorge Ignacio Fonteviva, tal como dice aquí.

Teresina: ¿Cómo se llama?

Y abrazando a su esposo le dijo Teresina: Ella no mintió, la sabia Chanais nos dijo que en verdad volverías, que la verdad era que tú estabas con vida.

Jorge: Madre, padre, yo sabía que un día los iba a volver a ver, padres míos, qué alegría verles.

Los padres volverán a reír como lo hicieron antes porque sus hijos estaban en casa de vuelta, por azares del destino casados, y con un descendiente que los hacía más felices y unidos a todos.

Mientras la malvada Maranda salió del palacio llevando al bebé en brazos, sin nadie saber que el bebé estaba siendo secuestrado por esa perversa mujer.

En su alcoba Nora Corazón estaba furiosa por el regreso de la princesa Alondra Alcatraz, un hecho que la tenía deseando matarla.

Nora: Maldita, maldita, miserable maldita mi suerte, miserable también la suerte de esa princesa maldita… A estas horas Juan debió haberse robado los mejores tesoros de mi padre, que digo padre, de ese rey maldito. Ni modo princesita volviste del infierno; pero ahora tu reino quedará vacío, serás más pobre que yo, porque Juan ha de robarse todos los tesoros del rey.

Una criada llama a la puerta y entra trayendo un mensaje para Nora.

La criada: El príncipe de Scarlet la espera en el salón, para que lo acompañe al desfile con honor a los príncipes Jorge y Alondra Alcatraz.
La princesa Nora: Maldita, criada maldita, lárgate y dile que ya voy, muévete inútil.

La criada salió, Nora se levantó de la cama para intentar irse, cuando por detrás Juan la tomó del cabello y en un pleito de amantes la maltrató como sólo él lo sabía hacer: cruelmente. Le pegó y le tiró la corona al piso, le llenó la cama de monedas de oro, joyas y muchos regalos más que le robó a los reyes Castilla.

Juan: Ahí está lo que robé del Reino de Coronalandia. Maldita, dime ahora si valgo para ti, te he bañado en oro, mira son muchas monedas de oro, estás feliz, tu cama brilla en oro, mira las joyas, las gemas, los diamantes, los jades. ¿Qué más quieres? Todo es valioso, lo saqueé de los tesoros de tu padre, todo por ti, porque te quiero, te amo; pero tú no me quieres, haga lo que haga sólo significaré diversión para ti.

Nora: Es que ni así te robes los tesoros de todos los reinos, ni así esta cama brille con todo ese oro, jamás, jamás yo seré tuya, entiende. Es cuestión de que yo soy una princesa y tú un ladrón, tú eres la basura y yo la doncella. Sí, jamás una princesa se casará con un ladrón como tú, bájate de tu nube sí; deja de soñar papito, lárgate o te hago encerrar.

Juan: No eres una princesa, eres una furcia, te diviertes con cuanto hombre quieres, sólo eres una más.

Nora: ¡Cállate! Yo soy una princesa y tú un truhán.

Juan: ¿Qué quieres? Hago de todo por tu amor, mira te bañé en oro y joyas valiosas, joyas de toda clase.

Nora: Niño es cuestión de clase, de posiciones, tú no eres nadie en este mundo, y yo sí soy alguien: una princesa. Quiero para mí a un príncipe hermoso.

Juan: Es inaudito, jamás pensé verme llorando por una furcia, no sé en qué maldito momento me metí a robar a este Reino. No sé en qué instante puse los ojos en la más furcia de las mujeres; pero si tú no eres mía, juro que tampoco serás de nadie, mucho menos de un principito.

Nora: Tú no vales nada, un príncipe me da respeto, seguridad, dignidad y no anda de ladronzuelo, no es perseguido por las leyes; tú sólo eras mi juguete, ese juguete del que ya me cansé de usar, así que desaparece por tu bien.

Por discutir Juan no se dio cuenta de que Nora estaba sacándose el puñal, que guardó bajo el vestido junto a su pierna izquierda.

Juan: Así que yo no valgo nada, nada, que soy

sólo tu juguete preferido, no que era yo tu juguete preferido ¿Y qué? Ahora me tiras por ahí.

Nora: Sí, eras sólo eso.

Juan: Nora, mi princesa Nora, yo te amo, yo soy aquel que en tus noches de soledad viene y te acompaña, soy el hombre que se entregó a ti. ¿Qué estabas buscando de mí? Dime qué puedo darte que no te haya dado, no creo merecer todo esto que esta pasando… Nora, mi princesa, a pesar de todo lo que voy hacer porque lo voy hacer: yo siempre te amaré.

Nora: Eres un asesino y ladrón, yo jamás podría tener algo contigo ¡Ay, una princesa ser esposa de uno como tú!… Aparte de eso no tienes nada con qué sobrevivir, mira la muerta revivió y la muy suertera se convirtió en Dos Veces Princesa, y yo quedé en nada, hasta perdí mi título.

Juan: Tú eres mi princesa.

Nora: ¡Ay! Qué asco, yo la princesa de los muertos de hambre; no mi vida, por mil poemas que me recites no te quiero, nunca te he querido, sólo te he gozado.

La princesa Nora Corazón y el ladrón Juan actuaron al mismo tiempo; al mismo tiempo pulsaron sus corazones con una daga cada uno entre sus manos. Ella con una daga oculta entre sus ropas, la sacó y se la clavó al corazón de él. Y éste ya estaba listo para hacer lo mismo y sin piedad los dos al mismo tiempo se cruzaron las dagas en sus corazones. Así murieron acostados sobre lo que ambicionaban: una inmensa cantidad de oro y joyas robadas.

Juan: Era nuestro destino.
Nora: Sí amado amante.
Juan: Amarte no fue un error, fue un placer lleno de gloria.
Nora: Merecía este final. Nunca tuve un lugar en esta vida.
Juan: Pero mi Nora Corazón, sí tuviste un corazón que te amó al límite y te amará en esta

y en todas sus existencias princesa mía.

Nora: Valió la pena que entraras en mi vida, porque sí te amo, te amo aunque seas pobre, te amo por lo que eres; muy tarde me doy cuenta de ello. Por eso no te dejé nunca, porque te amo; yo no amo al ridículo de Scarlet; él es solo un príncipe enano y feo. Tú eres más que un príncipe, eres un súper hombre, bello y robusto, tal como me gustan los hombres, tú eres mi hombre ideal.

Juan: Eres mi demonio vestido de ángel, con cara de angelito también.

Nora: Tú eres lo único que en esta vida me perteneció.

Juan: ¡Te amaré siempre!

Nora: Siempre estaremos juntos.

Entra el príncipe Link de Scarlet y los encontró besándose, justo cuando abrió la puerta de la alcoba, vio cómo ella caía muerta sobre aquel terminado beso de la muerte. Nadando en oro y joyas, fue como los vio morir.

Nora: Oro, siempre te amé oro, así moriré encima de lo que tanto amé.

Juan: Es la mejor muerte que puedo tener junto a ti.

De Scarlet se quedó impresionado, pronto llamó a todos los guardias, armando un alboroto impresionante.

Mientras tanto los reyes Castilla, y los Fonteviva paseaban en carrozas, recibiendo los aplausos y alegría de la ciudad.

La plaza pública de la ciudad de Coronalandia.

El rey Armando dijo unas palabras a los habitantes de la ciudad, acompañados por su hija, Sir Fonteviva y Jorge.

Rey Armando: Ciudad de Coronalandia, en nombre de mi hija y su esposo Jorge, yo declaro este día como día de fiesta para todos y lo titulo como: Día del Regreso de la Dos Veces Princesa, porque mi hija es la princesa del Canto y es una princesa de mi Reino. También se les informa que en unos días se hará una ceremonia donde se hará el cambio de reyes.

De pronto la princesa sintió un dolor en el pecho y se bajó del quiosco, su esposo la siguió hasta una esquina de la plaza.

Jorge: ¿Qué pasa?
Princesa Alondra Alcatraz: Mi hijo. ¿Dónde está mi hijo querido? ¿Dónde esposo mío?
Jorge: No sé, lo tomó una criada del palacio.
Princesa Alondra Alcatraz: No, no, no, algo le pasó a mi hijo, nuestro hijo está en peligro.
Jorge: Espera.

Jorge llamó a un hombre que estaba ahí cerca de ellos, el cual estaba montado a caballo.

El hombre: Dígame su majestad.
Jorge: Préstenos su caballo.

El hombre: Claro, tómelo.

Jorge: Gracias buen hombre, te lo devolveré.

Jorge subió a la princesa a caballo en el asiento del jinete y él se montó atrás del jinete, y así dispuso marcharse a caballo.

Por otro lado la malvada Maranda viajaba con el niño; pero ella llevaba hambre y sed. Cuando veía frutos exquisitos intentaba cortarlos, pero se arruinaban con sólo verlos ella, como si su maldad les hiciera daño.

Maranda: Infernales frutos ¿Por qué se pudren? Porque sólo de verlos yo se pudren ¡Ay tanta hambre y tanta sed que tengo! Tengo mucha sed, quiero agua y comida.

Como viajaba por los montes, esta mujer no planeó llevar alimentos con qué sobrevivir, y el hambre junto con la sed la estaban atacando. Cuando encontró un ojo de agua en un rosal sucedió algo extraño, porque hasta las rosas y el ojo de agua se secaron de sólo ser vistos por esta mujer.

Maranda: Agua, agua, sed, agua, sed. ¿Dónde se va el agua? ¿A dónde vas agua? Agüita no te vayas, vuelve acá, agua maldita, sed, hambre; ay cállate niño ¿Por qué este niño no llora? No tiene sed, no tiene hambre.

Cuando ella se fue el agua reapareció junto con aquel jardín de rosas coloridas, su castigo fue ese, morir de hambre y sed.

La princesa Alondra Alcatraz llega al palacio con su príncipe Jorge, ambos llegan montados a caballo, al llegar su esposo le ayuda a bajar y entran en carreras al palacio. Ahí adentro la princesa Alondra Alcatraz lloraba y le preguntaba a todos por su hijo, nadie en el Reino supo darle razones del bebé.

Con la caída de la noche nuevamente la tranquilidad se fue y la maldad invadió. La princesa Alondra estaba inconsolable junto a su madre y a la madre de su esposo.

Alondra Alcatraz: ¡Mi hijo! ¡Mi hijo! ¡Mi hijito! ¡Madre, madre mía, madre! ¿Quién lo tiene?
La reina Katrina: Ay hija, de seguro la bruja esa, Maranda Sultán, ella lo tiene.
Teresina: Debí imaginármelo, pero entró a la fiesta.
La reina Katrina: Ay mi hija, hija mía, tu bebé va a aparecer, tu padre, Sir Antonym y tu esposo Jorge están arreglando todo.

Más en la corte. El rey estaba reunido con Jorge, Sir Antonym y la sabia Chanais.

Chanais: Ahora ¿Qué deseas conocer mi rey?
Rey Armando: Mi nieto, mi nieto, ha desaparecido, el heredero ha desaparecido.
Jorge: A tus pies pongo todo lo que tengo y te lo vengo a entregar cuanto antes sea posible, a cambio de que me digas dónde está mi hijo. Ayúdame a calmar la desesperación de mi

esposa la princesa Alondra Alcatraz, dímelo y arriesgo hasta mi propia vida por la suya, por la vida de mi hijo.

Chanais: ¡Calma! En impaciencia pondré paciencia, la maldad se está agotando, ya se está apagando como una vela cuando se termina su luz se termina.

Sir Antonym: Por favor díganos con claridad. ¿Dónde está mi nieto?

Chanais: Después de la primera colina, cerca de la cuarta cascada de Coronalandia, ahí en la vieja Torre de Santick; en una torre ahí en verdad encontrarás a tu hijo, no te preocupes a él no ha de pasarle nada, está protegido.

Jorge: Padre, debo…

Sir Antonym: Yo voy contigo.

Jorge: Padre, yo no sé, alista cuantos guerreros preste su majestad el rey, alístalos y alcánzame, yo me adelanto, no dejaré que a mi hijo le pase algo por esperar.

Rey Armando: Iremos todos.

Jorge: Yo no puedo esperarlos, síganme, yo me

iré adelante, la vida de mi hijo cuenta.

Así fue que con la puesta del alba, salía el valiente padre montado a caballo, en busca de la bruja que tenía a su hijo.

Jorge salió en busca de la vieja Torre de Santick y mientras en la torre, la bruja comenzaba a ver pajaritos y hadas volando, pero del hambre atroz que sentía; el bebé estaba siendo cuidado por las hadas del bosque.

La noche pasaba y Jorge bajo esa noche viajaba entre la oscuridad; pero no muy lejos el Rey Armando, su padre Sir Antonym y un ejército de hombres siguen su pista, especialmente para ayudar a Jorge en todo.

La siguiente mañana amaneció con el renacer del nuevo sol, el canto de los pajarillos y la vieja Torre de Santick se refleja muy cerca para el príncipe Jorge. Cuanto más cerca estaba Jorge, la torre más se le alejaba; pero sola por la extraña magia negra que la rodeaba, era como si la torre jugará con él, a veces estaba muy cerquita y a veces se le alejaba demasiado.

Jorge: ¿Qué pasa? Demonios no entiendo nada. ¿Por qué cuando estoy cerquita de la torre, la misma torre se aleja como un demonio? Dios ¿Qué cosa es ésta que la tengo enfrente y a la vez la tengo a kilómetros de mí? Maldición ¿Qué pasa? Torre infernal, devuélveme a mi hijo, déjame entrar y acabar contigo.

Con todo el coraje y el amor por su hijo Jorge, hizo que su caballo casi volara y con aquella carrera clavó su espada sobre la puerta principal de la torre, y al fin se abrió esa puerta para debatir el duelo final entre el bien y el mal.
Llegó el rey, Sir Antonym y los hombres guerreros.

Sir Antonym: Hijo, espera.
Jorge: Padre, es mi hijo y quiero rescatarlo yo, espérenme aquí.
El rey Armando: Sir Antonym déjelo, está

demostrando el valor que tiene un hombre por amor a su hijo y a la mujer que ama.

Poco después Jorge entró a la torre, todo aquello eran oscuridades, hasta al fondo era donde se veía una luz y el brillo de unas luces; cuando llegó allá encontró al bebé sano y salvo, las hadas se lo entregaron en los brazos.

Jorge: Hijo, mi amor, mi bebé, estás bien papi, sí, que bien campeón.

De pronto un aleteo del viento abrió las ventanas y Jorge se dio la vuelta, vio a la malvada mujer muerta. Con ese aleteo del viento las velas unas se apagaron, otras se cayeron al piso y comenzó un incendio.

Jorge: ¿Qué le pasó?
El hada Allis: Murió.
El hada del Canto, cantando dice: De hambre.
El hada de la Fortaleza: Y sed.

El hada Malicia: Por bruja.

El hada de los Sueños: Vete, hay fuego, esto va a explotar en cualquier momento.

Y justo cuando Jorge dio la vuelta para marcharse con su hijo, la bruja despertaba porque aún estaba viva y se levantaba sólo para clavarle un puñal en la pierna a Jorge. Las hadas tomaron al niño, el joven desenvainó su espada y se la clavó directo al corazón de aquella mujer, quedando aquella susodicha muerta en el piso.

Jorge: Vámonos, esto va a explotar en segundos.

Las hadas salieron por la ventana con el niño; pero a Jorge le tocó correr y el fuego lo llevaba muy de cerca; justo cuando él salió la torre explotó en llamas intensas. Jorge salió volando de la explosión que lo dejó quemado y golpeado; pero las hadas madrinas lo curaron de todo golpe y quemadura, que sanó por completo de inmediato y se veía como si no le hubiese ocurrido nada.

Varias semanas habían transcurrido y los nuevos reyes serían bautizados esta tarde, en una ceremonia especial dentro de la corte; donde la ciudad entera, se dio cita para verlo todo y divertirse con la fiesta que se haría después.

Marthua fue invitado al palacio por la princesa Alondra Alcatraz y quedó contratado como el diseñador personal para la princesa —ahora reina— y para esta tarde le diseñó un vestido casino con retoques de actualidad y los brillantes que hacían de la princesa una rosa. Y es que también le había pedido la creación del vestido de novia de la reina Alondra Alcatraz, ya que no estaba casada por la iglesia, debido a que la ceremonia que se realizó antes no tenía validez por falta de su identidad.

El rey con gran orgullo le cambió el nombre al pequeño principito, llamándolo hoy como Arthur Ignacio Fonteviva Castilla, con el título de Principito de Coronalandia, Arthur Ignacio I.

En esta ocasión los reyes hicieron una ceremonia con rituales para hacer el traspaso de su

Reino, para dar el nombre de nuevos reyes a Jorge y Alondra, quienes recibieron las coronas de manos de sus padres y madres, rey Armando y la reina Katrina Argüello de Castilla, Sir Antonym y Teresina Rioja de Fonteviva.

Se acabó aquella de la historia que llamaban la **Dos Veces Princesa,** y así fue cómo ahora era la nueva soberana de Coronalandia, gobernando con su esposo y junto a su pequeño principito.

Como un sueño la reina Alondra Alcatraz y el rey Jorge Ignacio se casaron con la bendición del papá. Y así con el pasar de los años en Coronalandia todo fue felicidad, paz y amor; ese amor que Alondra y Jorge se daban entre si. Y así mismo les digo yo: Chiflín, chiflón… Se acabó el renglón…

FIN

Principales personajes

Los reyes de Coronalandia: El rey Armando Castilla y la reina Katrina Alondra Argüello de Castilla.
La hija: La princesa Alondra Alcatraz Castilla.
Las Brujas: Maranda de Sultán y Chanais.
El guardia cómplice de la criada y bruja Maranda: Usuu Sultán.
Los Sir (confidentes de los reyes): Sir Antonym Fonteviva y su Sra. Teresina Rioja de Fonteviva. El hijo de los Sir: Jorge Ignacio Fonteviva Rioja.
El hijo de Jorge Ignacio y Alondra Alcatraz: El principito Arthur Ignacio Fonteviva Castilla.
La princesa falsa: Evelyn Ovic.
Las hadas Madrinas:
    El hada del Canto.
    El hada de la Belleza.
    El hada de la Fortaleza.
    El hada de los Sueños.
    El hada Allis.
El hada malvada: El hada Malicia.
La princesa, hija falsa de los reyes: Nora Corazón Castilla.
El criminal: Juan.
La anciana que auxilia a la princesa: Leoncia Doohan
El último novio de la princesa Nora: El príncipe Link de Scarlet.

www.ingramcontent.com/pod-product-compliance
Lightning Source LLC
Chambersburg PA
CBHW020654220526
45464CB00001B/429